後継者が育つ“よき経営者”の役割

吉川 孝

Takashi Yoshikawa

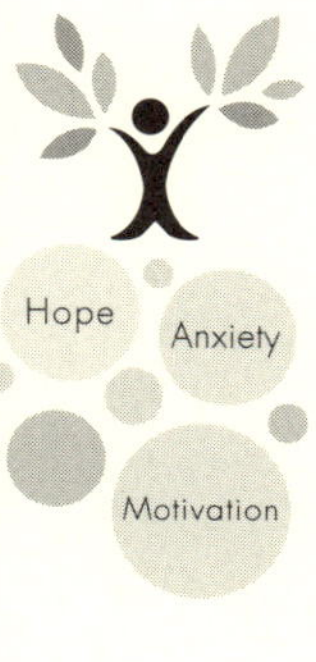

中西出版

はじめに

事業承継を社長個人の立場から平易に言えば、「後進に道を譲ること」です。

どんな社長にも必ず経営の実権交代の局面がやってきます。それに上手に対処できる方もいますが、私が見る限り多くの方が苦しみ、葛藤し、感情的で不合理な望み、喪失感や不安を抱くようになります。しかし、交代の過程がそれほど大変なことであることを、事前に理解している社長はほとんどいません。

私たちは、一三の信用金庫と心と力を合わせて、日々事業承継の支援に努力をしていますが、残念ながら、全ての社長が事業承継を成功させることができるとは限りません。

それは、社長の力量や器量の差異によって、全ての中小企業の事業が成長するとは限らないのと同じです。事業承継の成否を決めるカギは、継がせる側の社長の手の中にあります。

事業承継をするということは、社長であるあなたがトップの地位を去るということです。

自ら築いたその地位を去り、経営の実権を後継者に引き渡した後も事業が存続発展するように、後継人材や組織を育て、様々な環境を整える努力をすることが事業承継です。まぎれもなく、それは社長であるあなたの責務です。

もしもあなたが、その地位を去り、権力などを失いたくないのなら、辞めなければいいのです。あなたはオーナーですから簡単です。あなたには辞めない自由もあります。

社長や代表取締役の地位にとどまり続けることは、道義や倫理に反することでもなければ、もちろん違法でもありません。それが、将来の会社の繁栄にとって望ましいことだと思われるのなら、気力体力の続く限り全力で社長をやるのも良いでしょう。

事業承継は、自分自身に正直になれなければできません。

心から経営を承継したいと望んでいない方は、この本を読む必要はありません。多分ストレスが溜まるでしょう。

自分自身が創業し、あるいは、先代から受け継ぎ、困難な時代を闘って今日を築いたあなたが、その大切な事業と会社（大事な社員や取引先など）を未来にもつなぎたいと思うなら、経営者としての仕上げの仕事として、自らの意思と手で事業承継を成し遂げなければなりません。

実権交代を成功させたお手本の社長の多くは、「もったいない」「まだ早い」と言われつつ退き、後継者に道を譲り、席を空けることのできた方です。

社長が事業承継に取り組むということは、華やかな四番打者から地味で目立たないコーチになることであったり、スポットライトを浴びる舞台の主役から舞台下の演出家になったりすることと似ています。

私はあるとき、伊丹敬之《いたみひろゆき》さん（東京理科大学教授、現・国際大学学長）の著書『よき経営者の姿』の中で、「育てるものではなく、育つもの」という言葉に出会いました。私は「これだ！」と思いました。

本書では、後継者の「育ち方」と育て方について、事業承継に真剣に取り組む社長に示唆と勇気を与えられるように、私の経験から得た知見をできるだけ著したつもりです。

どれだけ社長としての実績や実力が優れていても、いつかは社長や代表取締役の地位を去る時が来ます。私たちは皆が歳をとり、やがて最期を迎えます。ですから、承継期における社長は、自分のことより、後継者が長く担う将来の会社にとって長期的に有益になるような決断を下し、後継者を成功させることに専念しなければなりません。

全ての社長が、尊厳を保ち、自身の品位と誇りをもって、その後継者が成功する確率を高める行動をとり、地位を去り実権を手放す準備をしてほしいと願っています。

後継者が育つ〝よき経営者〟の役割〔目次〕

第三章　社長固有の仕事、必要な資質能力――54

第四章　後継者を社長に育てる――70

第五章　後継者の育ち方――86

第一章　事業承継と後継者

一　社長が社長を作る義務と責任

事業承継は、社長にとって社長人生の仕上げの仕事です。

中小企業にあっては、あなたが自らの努力で事業を繁栄させて豊かな会社を実現したとしても、それで百点満点とは言えません。精々及第点の六〇点かもしれません。つまり、経営者の仕事としての最後に、自らの決断と努力で後継社長を選び、育て、全権を引き継いで、支援して見届け、その背中を押すまで行えて、本当の中小企業経営者の仕事が完遂されるということです。

事業承継を完遂するということは、自らの手で準備をして自らの判断で退くことでもあります。

事業承継には、三つの側面があります。

それは「経営的側面」「財産的側面」そして「人間的側面」です。

「経営的側面」の事業承継は、これまでの実績と蓄積された信用やノウハウ、現在の業績や財務内容などを、承継後の健全経営の維持や事業の存続発展などにつなげる努力を指します。それだけでも、様々な問題が複雑に絡み合います。

それらの中には社長世代が責任をもって取り組むべき問題もあれば、後継者世代に託すべき課題もあるでしょう。

「財産的側面」の事業承継は、多くの経営者が認識し関心を持っている問題です。主に自社株対策と呼ばれるもので、相続税や贈与税の税金対策として理解されていることが多いようです。

あなたの会社が、経営の将来見通しも十分で、株価が高く、税金の問題や対策も明らかであるとしても、その経営を引き継ぐ強い意欲があって、株式を受け取る明確な意思のある後継者が存在していなければ、事業承継の環境が整っているとは言えません。

そして、あなたは、あなたから後継者に対して「何を」「どれだけ」「いつ」「どうやって」承継するかを決定しなければなりません。それは同時に、あなたの完全引退へのスケジュールの決定でもあります。そこには、大なり小なり、あなたと後継者の双方の人生や考え方、家族や同族関係者の想いや利害が交錯することになります。これらが、事業承継の「人間的側面」です。

この三つの側面は不可分のものですので、常に一体の課題として全体を見失わないように取り組まなければなりません。

事業承継を行うために、後継者（候補）がいることは必要条件で、その後継者を社長に据えて立派なリーダーに育てることが十分条件です。

この本で扱うのは、後継者候補または後継者がいる場合に、その者を自社の経営者として如何に育てるかという大きなテーマです。

どれほど優れた経営実績や財務内容を誇る会社であっても、その経営を承け継ぐ者がいなければ、その事業は廃業、会社は解散整理を余儀なくされます。

さもなければ、他の会社に売却して経営を委ねる、M&Aという道しか残されません。

後継者育成問題は、事業承継に取り組む社長に共通の悩みであり、事業承継の成否を握る鍵です。

自分が経営の実権を後継者に渡して去ることのできない理由として、後継者の資質や能力の不足や未熟さなどの不安を訴える社長が多くいます。

事業承継は、そもそも経験豊かで実績のあるあなたより明らかに未熟な者を社長に据えるという大変にリスクの高い仕事ですから、その不安は当然に伴うものです。しかも、後継者候補の選択、後継者の決定、育成から社長就任まで、さらに、就任前の環境づくりから就任後の指導支援までの全ての承継プロセスに付きまとうものです。

もしもあなたが、これらの不足や不安を理由に経営の承継に踏み込めないでいるとすれば、自らの事業承継の実行責任から逃げているのと同じことになります。

なぜならば、不足や不安の無い後継者がいるから事業承継をするのではなく、自らの責任において「社長を作って会社の未来を創る」ことが、あなたの逃れることのできない固有の仕事だからです。

二　仕事をペースダウンして心の準備をする

事業承継は、バトンリレーに例えられることがよくあります。

自分の次にバトンを受けるランナーを決めるのも、バトンを受けるに相応しいランナーを育てるのも、今そのバトンを手に握りしめているあなたです。

バトンはリレーゾーンで渡さなければなりませんが、次のランナーを決め、育てられなければ、あなたはいつまでも走り続けなければなりません。

逆に言えば、あなたが「自分が一番速い」と信じて走り続けている間は、次のランナーがバトンを受け取るために位置につくことはありません。

しかし、疲れ果てて自ら走るのをやめるか、足を故障することでもない限り、あなたは走り続ける誘惑にかられるでしょう。先頭を切って走っているならば、周りもあなたが走り続けることを願うので、余計に走るのを止めるのは難しくなります。

あなたはバトンを持って走りながら、次のランナーにバトンを渡して自らレースを去る準備をしなければなりません。簡単なことだと思われているかもしれませんが、あなたが想像するより確実に難しいのです。

簡単だという方の多くが、「私の代わりに走りたいと思い、バトンを受け取るだけの力があればいつでもバトンは渡す」と言います。

繰り返しますが、自分の次にバトンを受けるランナーを決めるのも、バトンを受けるに相応しいランナーを育てるのも、今そのバトンを手に握りしめているあなたです。

あなたが、まだ燃え尽きない野心を残し、ヤル気も元気もある社長ならば、次のランナーにバトンを渡すのはとても困難なことです。しかし、次のランナーにバトンを渡すことが、あなたにとって最も責任重大な最後の仕事であることに変わりありません。

事業承継を本気で意識しはじめたら、バトンを渡すためにまず自分の走るペースを落とすことが大事です。

あなたは、バトンを渡す次のランナーを決定し、その渡すタイミングも決めると、自分がコースから外れてレースに関わりのない人（過去の人）になることに不安を感じはじめるでしょう。

でも、後継者に経営を承継するということは、そういうことなのです。

自分が社長の地位を去ることを自覚したら、自分の有終の美を飾ろうとか思わずに、**後継者の成功のために専念する**ことです。

交代せざるを得なくなる前に、積極的に後継者を支援し、体験させて自信をつけてあげることです。

経営の承継の時期（リレーゾーン）を決めたら、社長は徐々にペースダウンしましょう。

あなたが、ペース配分など考える暇もなく、目一杯のスピードで走ってきた社長ならば、まずペースを意識することから始めることが必要かもしれません。自動車の運転に例えれば、ブレーキを踏む前に、まずアクセルから足を離すことです。

要は、自分の仕事を減らすことです。

あなたの仕事は、あなたが担っている一般業務の一部の仕事と、あなた以外が担えない社長固有の仕事の二つに、大きく分けることができます。

「私が一番の営業成果を上げている」とか、「資金繰りをみているのは私だ」とかおっしゃる社長がいますが、そういう営業や技術、財務や業務進捗管理などの仕事は、社長であるあなたがたまたま担っているだけであって、社長固有の仕事ではありません。

後継者や他の役員社員にドンドン引き継いで、自分の仕事を減らしましょう。

社長固有の仕事の大半は、**考えることと決めること**です。

あなたが社長の仕事だと思っていた、日常的な営業や現場の仕事についての判断や決裁、承認などを後継者や他の役員社員に引き継いでいくと、本当の社長固有の仕事だけが残ります。

長期的な戦略や基本方針・計画の策定等に関すること、重要な人材の採用、解雇、昇進昇給、異動などの組織人事に関すること、重要な資金調達や設備投資、市場や技術開発等の投資などに関することや、主要な取引先の契約や条件に関することなどの重要で困難な決断や決定が、社長の固有の仕事として残ることになるはずです。

経営の承継の時期においては、そうした重要で困難な決断や決定をするときに、必ず後継者を関与させせます。

後継者への経営の承継を真剣に考え始めている社長ほど、次の時代にも会社が健全に存続できるようにと、自分の強い責任の下で長期的な視点で次の手を打ったり、そのための重要な投資や人事をひとりで決断したりしようとします。

しかし、こんな時にこそ、後継者に強く関与を促し、理解を求め意見を求めなければなりません。

なぜなら、その戦略や投資などの成功や失敗の影響を受け、あるいは、この決断を長い時間をかけて成果に導く責任を担うのは、後継者だからです。

これこそが、後継者に社長固有の仕事を学ばせ、任せていく、経営の承継の始まりです。


ところが、並はずれた働き者である多くの社長たちは、実は自分の責任である仕事が減ることを嫌います。ヒマやゆとりに慣れていません。

一人で全責任を背負うことが日常の社長は、任せるのがあまり得意ではありません。

任せると、その任せた判断や仕事の先行きが心配でなりません。

後継者や他の役員社員に任せたつもりでも、ついつい口や手が出てしまいます。そんな時の社長の何げないチョッとした一言は、社員にとって全てをくつがえす指示や命令と同じ意味を持ってしまいます。

こんなことが、後継者を社長に就かせた後に起きたとしたら、組織は混乱し、判断や行動は渋滞することになるでしょう。

あなたは、時間に余裕を持つようにして、自分は無理をせずに、後継者や後継者世代の役員社員に大いに無理をしてもらうようにしましょう。

あなたが自身の出力とスピードを落としても、会社や経営の出力は落とせませんから、リレーすることによってむしろスピードを上げなければなりません。

すなわち、あなたは自分の仕事を減らして、後継者たちの新たな挑戦や経験を増やすようにし、彼らを助言指導し支援することに時間を振り向けなければなりません。

自分で決めず、後継者たちに考えさせたり、行わせたりすると、自分でやってきたこれまでよりも必ず余分な時間やストレスがかかります。つまり、後継者たちの指導育成を真剣に始めると、あなたの仕事にこれまでにない面倒くささや手間が加わって、かえって忙しくなったと感じたり、自分の仕事の効率が下がったと感じたりするようになるでしょう。

一方、後継者たちも、それまでの日常的業務に精を出すことだけでは足りず、新たな責任や困難に直面して戸惑ったり悩んだりして、不慣れな仕事や判断のために多くの時間を使わなければならなくなります。

その意味では会社としての生産性が落ちるということでもありますが、それを嫌ってはいけません。後継者育成のために意図的かつ計画的に生産性を犠牲にし、積極的に学ぶ時間を使わせることを心掛けましょう。

こうして仕事を減らすことで、あなたの毎日はいつもより少し早く仕事から解放されるようになりますから、友人や家族と過ごしたり、孫とかかわる時間を作ったり、改めて配偶者を理解し関係を再構築したりするための時間を増やすこともできます。

いつも考えごとをしながら目的地だけを目指して急ぎ足で歩いていた道を、ユックリ散歩したとしたら、それまで気付けなかったものに気付いたりするように、仕事を減らせば、たとえ特別なことを何もしなくても、今までと違った日常や光景が見えてくるはずです。

人生を登山に例えるならば、事業承継に取り組むあなたの人生は下山のときです。

これまで自分の足元と頂上だけを見つめて必死の思いで登ってきたあなたが、その道を辿りながら下っていくときには、登っているときには気付きもしなかった木々の緑や花が目に入ったり、鳥のさえずりや虫の声が聴こえたり、眼下に下山する者にしか見えない景色が広がるはずです。

次ページの上の図のように、自分の仕事のペースを徐々に落としながら、次第に後継者に育ってもらうことに真剣にエネルギーを振り向けるようにします。承継期の後半には次の人生をどうするかにも真剣に注意を払うようにし、後継者に貸していた手を離し、経営の責任から離れます。これが事業承継における理想の人生曲線だと思います。

ところが、現実にはその下の図のように、最後の最後まで経営に全力を注ぎ、後継者育成には意を払わず、時間を使わず、当然ながら自分の次の人生の設計など気にしないという方が、少なくありません。

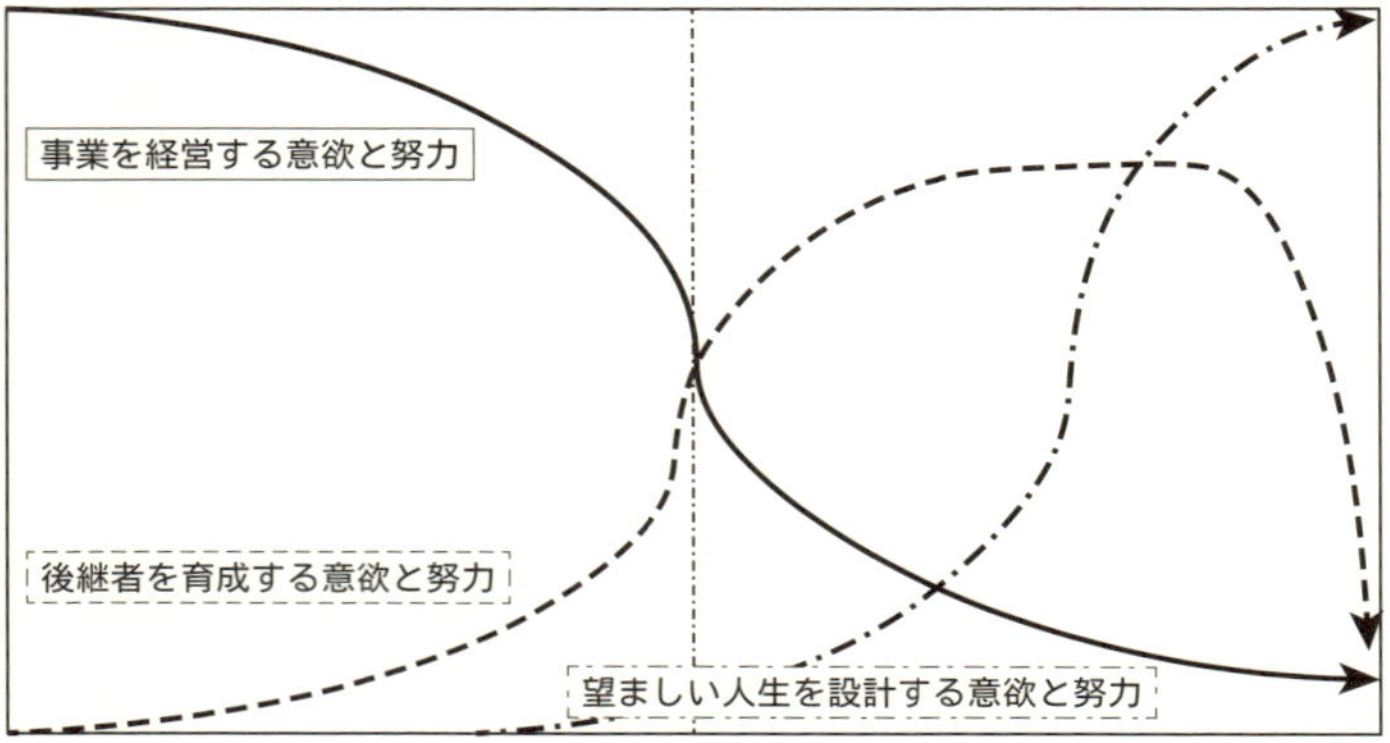

理想の人生曲線

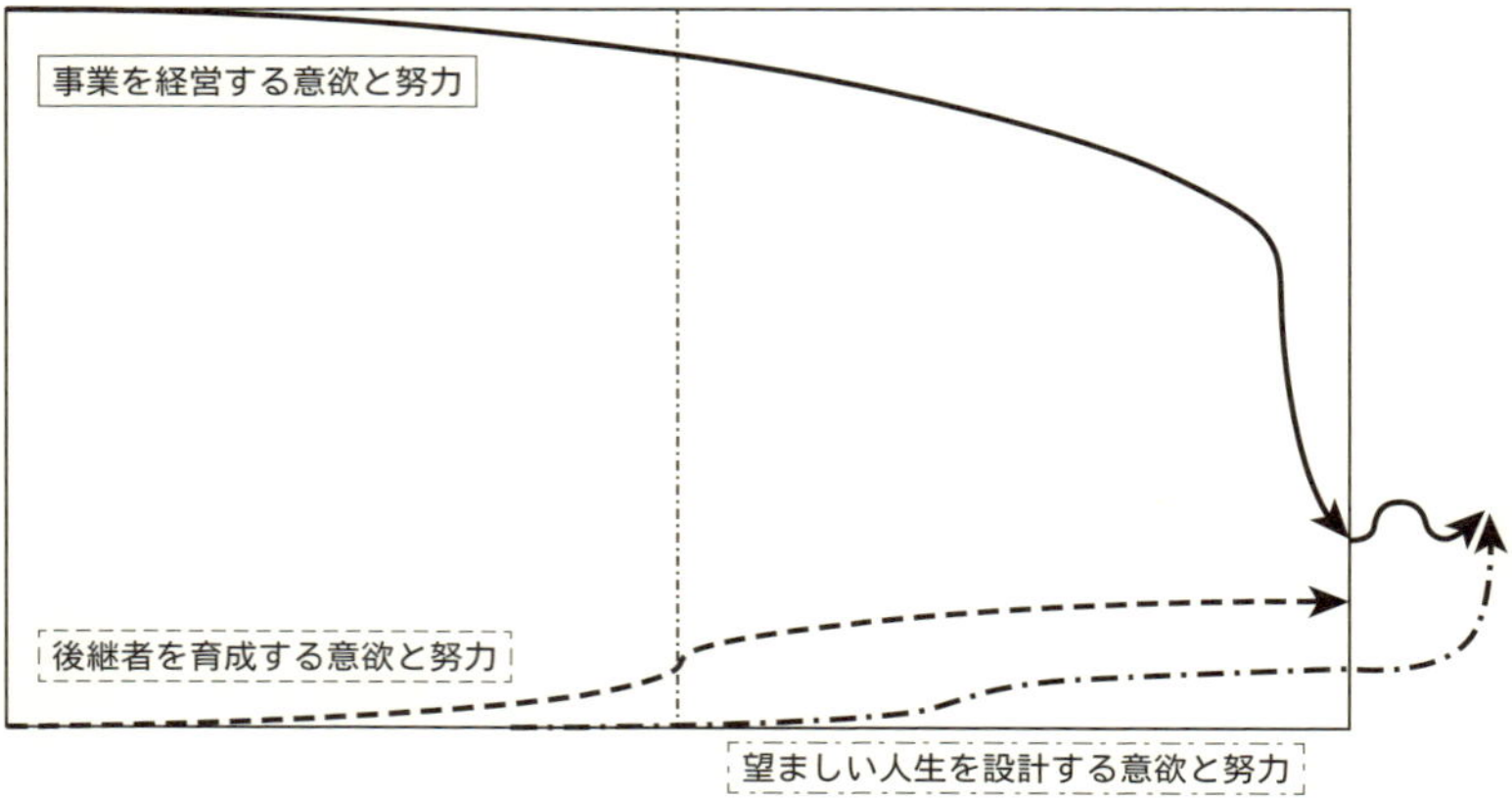

現実の人生曲線

そうすると、社長交代後のやり場のない意欲と、第二の人生への戸惑いが迷走し、経営を混乱させたり、後継者の育成や後継者たちとの関係性に好ましくない影響を与えたりすることがあります。ですから、次の人生の設計と計画にエネルギーを注ぐことが、後継者の育成と事業承継の成功にとって、とても重要です。

もしも、あなたが六〇代で、早めに経営承継の準備を始める社長であるならば、将来の社長交代の時機を逸しないために、次の望ましい人生を設計する努力はとても大切なことです。

承継の後の人生が楽しみであれば、あなたはきっとリラックスして後継者や会社に接することができ、バトンを滑らかに渡すことができるはずです。

社長の日常の時間と頭の中の大半は、経営に関する事柄で埋められていいます。友人や家族との時間や、個人的に使ってきた時間よりもはるかに多くの時間を、仕事の関係者と使ってきています。

人の幸せは、人に愛されること、人に認められること、人の役に立つこと、そして、人に必要とされることであると言われます。

すなわち、人生の大半を経営に費やしてきたあなたにとっての幸せは、社長であることによって得られた仕事の意義、役立ちや必要とされている実感、そして達成感です。

そうした社長として得られた喜びから離れることは辛いことですし、それ以外の幸せを新たに見つけることは容易なことではありません。

あなたは、自分が失うものを正直に評価し、いかに仕事が好きであったかを率直に認め、品格を持ってバトンを渡すことを考える必要があります。

本当にあなたがやりたいことは何だったのか？　人生の目的を改めて自らに問い直す時間を作ることも大事です。

あなたにとって貢献や奉仕、役立ちや人生の意義を感じられる新たなチームや人間関係、社会的ネットワークを見出すことが大切です。それは配偶者、家族、地域社会、新たな組織や団体の活動におけるネットワークや役立ち、あるいは、自分が経営者の地位を退いた会社とのこれまでとは異なる関係性の構築や役割の発見です。

実話コラム

長年に亘って事業を存続発展させることだけを願って日々を過ごしてきた社長が、ある時自ら事業承継の準備の必要性に気付いて自ら行動を起こすとすれば、それは大変素晴らしいことですが、これだけ世間に事業承継の言葉が溢れていても、それができる社長はまだまだ一部の方に過ぎません。

ですから、私たちネットワーク信金の熱心な営業店職員が、使命感と責務を感じて大切な顧客を守るために懸命に声掛けをしています。

信金の顧客だけでも年間五〇〇件近い個別の事業承継相談をお受けしていますが、その中から事業承継を進めるための具体的な支援の依頼をお受けすることがあります。

私たちが事業承継支援のご依頼をいただいたときに良くある光景があります。

それは、長い間事業承継に真剣に悩んできた社長の、なぜかホッとしたような笑顔です。ときには、まだ何一つ支援等が始まってもいないのにもかかわらず感謝の言葉をいただくこともあります。多分、それまでの闇の中の手探りのような不安が解消することへの期待と、ご自身の決心を現実の行動に移したことへの満足だと思います。

そんな社長でさえ、私たちの事業承継の支援が終了したときには満足感とともに、やはり喪失感がありました。後継者や後継者世代が育っていくことに新たな喜びを見出したとしても、やはり何か大事なものを失う淋しさは例外なく伴うものです。

ところが、社長自身が何か新しいことを始めたくて、これまで背負ってきた重荷を後継者に託すという事業承継の場合には、社長に喪失感がなく支援する私も幸せを感じます。

地域の福祉活動と自分の老人介護事業に対する深い気持ちをお持ちの社長が、これに専念することを目標に息子への承継に取り組むとか、長年心に温めていた別の好きな事業や仕事をすることを楽しみとして事業承継を進めるといったことも、あまり多くはありませんが実際にある話です。

私が実際に見聞したケースは、どれも遊び、趣味や道楽の類やボランティア活動などではなく、結局は新たなビジネスでした。家族や家庭さえ顧みる余裕もなく懸命に仕事に没頭してきた社長たちには、やはり仕事しかないのかもしれません。それでも、過去から解放されて新しい次の仕事が愉しければ、結局はそれで幸せなのかもしれません。

将来を委ねた後継者が一心不乱に頑張って業績を上げ、徐々に経営者らしい態度や言動になっていくのを見るのは嬉しいものです。一時は淋しくても、楽しいものです。

その子が数年たって、『親になって知る親心』の喩えの通り社長の心を知って、理解と感謝の言葉などをくれたら、自分で経営してきた頃とは違う深い達成感を感じるでしょう。

承継を終えた先代社長の顔は、心配や不安から完全に解放されていないとしても、私にはやはり晴れやかにみえます。

日本中の二七〇万人弱の社長のうちのたった三分の一が利益を計上し納税している会社の社長です。その九〇万人弱にすぎない社長は、いわば特別な能力の持ち主です。

　必ず、社会はそんな能力の持ち主を求めるでしょうし、承継した会社の社員たちも先代の存在を何よりも頼もしく思って頑張ってくれるはずです。

第二章　後継者候補を選び、後継者を決める

もしも、あなたが「後継者がいない」というのならば、その真実は「後継者候補がいない」か、「後継者候補はいるけど後継者を決められない」のどちらなのでしょうか？

「後継者候補がいない」という場合も、そもそも後継者候補となる対象者がいない場合と、複数の親族や役員社員等の中から候補者を選ぶことができない場合のふたつがあります。

本当に後継者候補となる対象者がいない場合の事業承継の手段はM＆Aしかありません。

「後継者がいない」と言う社長の中には、まだ社長自身に事業承継の現実的な

イメージができていないか、特に代表者交代の課題に一歩を踏み出せていなくて、実はそれほど懸命に後継者について考えていないという方が少なくありません。

後継者候補がいても、その者を、またはそれらの者の中から特定の者を後継者として決められない場合は、いつまでたっても事業承継の方針が定まらず、具体的な計画が立たず、取り組みは進まないということになります。

事業承継の成否は後継者育成の成否に、後継者育成の成否はそもそもの後継者（候補）選びの成否に、大きく左右されることになります。

そもそも、中小企業の事業承継は世代交代でなければなりません。五年や一〇年で社長が交代する中小企業では信用が得られず経営が難しくなります。従って、中小企業の事業承継では、常に業務と人生の経験において浅く、経営者として未経験か極めて未熟な者が新たに社長に就くことになります。それだけで、事業承継はそもそも不安定で困難なものであることがわかります。

ですから、役員社員たちが、そんな未熟な後継者を新たなリーダーとして受け入れるか否かも、事業承継の成否に強い影響を持つことになります。

社内の生え抜きの役員や社員から後継者候補を選ぶ場合（社内承継という）には、そもそも対象者となる社員数が少ない中小企業では、経営者になるための資質能力のある人材を得ることは確率的に難しいことを予め知っておくことが必要です。

全国約三八〇万の中小企業（うち二七〇万弱の中小会社）のうち八五％が小規模事業者（製造業二〇人以下、商業サービスで五人以下）で、その九五％を超える大半の会社が同族会社（一部の同族関係者で支配的な株式を保有している会社）ですから、外部から経営人材としてスカウトしたような特別な場合を除けば、社長になることを入社の時から志し、社長になることを目標として努力をしている社員はいないと考えたほうがよいでしょう。

他方、同族関係者が入社した場合は別です。

社長の子息、子女やその配偶者、甥や姪などの場合には、その者の入社は、他の役員社員や利害関係者にとっては特別の意味を持ちます。

たとえ本人や社長の意思がどうであろうとも、それ以外の役員社員はその者を後継者の登場として認識することになります。

ところが、その特別の意味を殊更に強く意識せずに子息等を入社させるケースや、そのことを社内の主要幹部などの重要な人材にさえ説明せずに、成り行き的に行われるケースが少なくありません。

中には、役員社員を前にして「息子だからといって社長にするかどうかは分からない。それは本人次第だし、みんなに認められなければダメだ！」と言い放つ社長もいます。

たぶん社長のその言葉を真に受ける役員社員はいないでしょう。あるいは子を後継者にすることへの、社長の迷いや自信の無さとして感じ取る者もいるでしょう。

では、もしも社長の子が将来本当に社長になれなかったとしたら、その子は会社に留まってどのように自らを処し、他の社員たちはその子をどのように扱えば良いのでしょうか？　その子が会社を去るか、有望な人材を失うことになるかもしれません。

あなたは、自分の心に正直になって意図を曖昧にせず、自分の子息等を後継者として会社に迎えるべきであり、本人にはもちろん、社内の重要な役員社員にも率直に意思を告げて受け入れてもらうべきです。

結果はどうであっても、社長は、その子を立派な社長にしようと想い、その子は良い社長になりたいと望んでなければなりません。そうでないならば、子息等の採用には慎重であるべきです。

とは言っても、そんな計画的に事が進む場合ばかりではないでしょう。例えば、子や親族の者が、「前職で上手くいかなかった」「仕事で体調を崩した」などの理由で入社を認めることがあるかもしれません。それでも、そこには親の心情以外の、あくまで経営者としての合理的判断もなければならないのは当然です。そうでなければ、あなた自身が自ら悩みの種を増やし、有望な人材の成長の芽を摘むことになるかもしれません。

もしも、あなたが単に親族の情やしがらみだけで同族関係者を入社させるとすれば、ほぼ家族従業員のみの事業経営を望むケース以外では、情実人事や公私混同の経営と言われても仕方がないでしょう。

そもそも子息等の場合には、あなたは入社のずっと前から、その子の性格や素質、行動特性や意欲、責任感や社会的適応力などについて十分に知っているはずです。

ですから、あなたは、経営の重大な責任を担う地位に就かせる人間として、その子の素質または資質や人格的能力等を信頼していることと、自分が責任を持って立派な社長にすることについて確かな気持ちを持っていなければなりません。

一　後継者候補を選ぶ

後継者候補は、親族内と親族外に分けられます。

親族内では、主に子息子女、子の配偶者、甥姪などが候補となります。社長の兄弟や従兄弟などは世代交代ではないので、本書では想定していません。

親族外では、稀に社長の知り合いや友人、他社からの引き抜き人材などが候補となりますが、大半が自分の会社の生え抜きの役員社員への承継でしょう。

多くの社長は、社内から後継者候補を選ぼうとする時や、子などの親族について後継者候補としての適性等を問われた時、その者の資質能力を改めて考えるようになります。

ときには、後継者の社長就任の時期が迫る中で、後継者の社長としての資質や能力に不安を感じるようになって、改めて考えるようになるケースもありますが、それは社長自らの焦りや恐れを煽るばかりで、遅きに失した感を否めません。

ところで、その資質能力って何でしょうか？

私は、資質と能力は分けて考えた方が良いと思っています。後継者候補を考えるときの資質は、必要な一定以上の能力を身に付けられるかどうかの可能性（capacity）と考えましょう。それも現在の状態よりも、将来の潜在力や可能性を考えます。ですから、仕事上の責任や立場に適応する努力の積み重ねで作られた行動や態度、人や物事に向き合う姿勢などから資質を判断します。

一方、能力とは、実際に業務上で何がどのくらいできるかを表す職務能力（ability）です。能力は、知識、経験や技能のレベルに比例し、目に見える高い実績に結び付きます。

社内から親族以外の後継者候補を選ぶときには、営業や技術などの職務能力や実績貢献度の高さなどの職務能力が、選択の必要条件となることが多いようです。社内外の信頼や期待の高さが必要であるという意味からは、能力で後継者候補を選ぶというのは当然のことです。

しかし、職務能力のある者に必ず管理能力が備わっているわけでは無いことも言うまでもありません。「最良の営業マンを一人昇格させマネージャーにすると、確実に起きることは、良い営業マンを一人失い、悪いマネージャーを一人作ることである」と揶揄する表現があるように、後継者候補を選ぶときに、業務能力や目に見える実績貢献などだけで判断すると人選を誤ってしまうかもしれません。

仕事ができるといっても、通常の職務能力ではなく〝社長の仕事の能力〟を物差しとして考えた途端に誰もが能力不足にみえて、後継者候補を誰も選べないということにもなりかねません。

社長をやったことが無い者に〝社長の仕事の能力〟がないのは、あまりにも当然のことです。その者の持つ人格や性質、態度や行動をみて、これから〝社長の仕事の能力〟を身に付けるための潜在力や将来の可能性を測らなければなりません。

ですから後継者候補は、**今の能力（ability）より、将来に現れるだろう能力**

の可能性（capacity）、すなわち資質で選ぶべきです。その意味では、対人関係やコミュニケーションレベルの行動や態度姿勢の面が重視されることが多いと思います。

子息子女を後継者候補として評価するとき、あるいは、何人かの子の中から後継者候補を選ぶときには、今社長の目に映っている資質と能力より、素質と才能に着眼した方が良いかもしれません。

なぜなら、親であるあなたは、自分の子が三〇歳なら三〇年分の、四〇歳なら四〇年分の詳細な履歴書を持っているからです。

もちろん、子息であっても会社の様々な場面における行動、態度や姿勢から評価することはできますし、対人関係やコミュニケーションレベルの資質が社長になるために重要であることに変わりはありません。

それでも、大人になってから社会環境に適応して身に付けた言葉や行動の術より、その根底にある生来の素質（気質）や才能を顧みて、後継者としての問題や課題を明らかにして指導支援していくことが大切であることを、私は様々な経験を通して痛感しています。

業務上のことは社長になってからでも経験を積んで覚えればよいですが、もしもあなたが、その子の幼いころからの気質や性質や、特に思春期以降に表れた対人関係やコミュニケーション面での問題や特性（癖）に社長としての懸念を感じるならば、社長になる前に正さなければなりません。通常は、社長になってからでは難しくなります。

特別な例を除けば、後継者候補である子は、承継する事業や会社におけるキャリア、その職務能力や自社における実績貢献などにおいて、既存の役員社員に劣ります。

ですから、親である社長が職務能力や実績を重視しすぎると、その不足・不満足のためにいたずらに承継時期を遅らせたり、役員社員に対する後ろめたさのような感情を抱いたりすることがあります。

子息等の本人も、自分の職務能力や実績貢献を、他の役員社員に自分を社長として認めさせるための条件として意識しすぎると、彼らに負けまいとする無用な力みや焦りを生み、それがかえって人間関係を強張らせたり、組織への融和を難しくしたりすることがあります。

後継者としての意識が高く責任感の強い子ほど、そうした傾向を現しますので注意してあげてください。「仕事ができないとなめられるぞ！」ではなく、「焦るな！　急ぐな！」と言ってあげてください。

後継者たちは、業務の責任者になるために会社に入ったのではないのです。他の職場でどれ程の実務経験や実績があったとしても、入社後に誰よりも頑張って速く仕事を覚えたとしても、それとは別に社長になるための努力をしなければなりません。

社長が一番の腕利きで、仕事の全てを知り尽くして仕切っているような社員数名の会社などでは、後継者は否応なく社長に代わる実力を持たなければならないことになりますが、それぞれの業務に専門性やキャリアの高い人材や責任者がいる組織規模になっていれば、社長になるための努力の第一は、会社の現メンバーに受け入れられ新たなリーダーとして認められて支えられるようになることです。

二　後継者を決定する

後継者とは、まだ社長になっていないが**社長になることが決まっている人**のことです。

ですから後継者の決定とは、後継者候補の〝候補〟が取れて、一人の者に特定され、その者の**社長就任の現実的な時機や見通しが決められて社内外に明らかになること**です。

私は、これらが曖昧なままになっている会社に、しばしば出会います。

あなたには、明瞭に後継者を決定する義務と責任があります。

あなたは、後継者候補の選択と後継者の決定に、シッカリとした覚悟をもって臨んでいますか？

もしもあなたが、いつまでも明確に後継者を決められないでいるとすれば、あなたには、**自らの責任において、自らの手で、後継者を社長に育てるという視点が抜けている**のかもしれません。

〝自らの責任において、自らの手で、後継者を社長に育てるという視点〟が弱いと、「現状の後継者が社長となっても大丈夫だろうか？」という短絡的な見方になってしまいますので、当然ながら不足ばかりが目につき、不安ばかりが先立って、結局いつまでたっても決めることができずに、時間ばかりが過ぎていくことになります。

あなたが、後継者候補を一人前の我が社の社長に育て上げるという自分の責務を明確に意識すれば、後継者を明瞭に決定し、その者の〝今〟を把握し、社長としての〝望ましい姿〟を描くことができます。

そうすれば、今の職務上の能力や実績よりも対人関係の行動や態度や将来の可能性をみて、後継者に何が不足していて、何を改善し、どうすれば**社内外の**

重要な影響力のある人たちに認められる社長となれるのかがわかってきます。

人の上に立つ者にとって大切なのは、自分が知っている自分よりも、他者に映る自分を理解しコントロールできることです。

その意味で不足や改善点等を明らかにし、後継者自身も自覚し、社長と後継者が課題を共有することができれば、共にこれを埋める努力をすることもできます。

その時に、あなたは、後継者を自分より立派な社長にするという想いを新たにすることが何よりも大事です。そうすれば、後継者は、あなたの信頼に応えて、認められる社長になりたいと心から強く願うようになるでしょう。

後継者には経営を担う覚悟が必要ですが、後継者を決定するあなたにも、それ以上の覚悟が必要なのです。

中小企業では、後継者候補が何人もいて迷うということは少ないでしょうが、社内から選ぶか親族から選ぶかを迷っているケースや、社長の子をはじめ兄弟や甥姪など複数の親族が自社で働いているケースでは、後継者の決定に苦慮し、悩み続けている社長の相談を受けることがあります。

「社長の息子と甥がいて、創業のパートナーである専務の息子がいる」とか、「社長の長男と三男がいて彼らより長く勤める長女の夫がいる」、「社長の子のほかに社長の兄と姉の子も勤務している」、「兄弟姉妹三人とそれぞれの配偶者が三人とも勤務している」など、実に様々なケースがあります。

親族としての社長との続柄の近さ、勤続年数や職務、各々の職務能力の違いもあれば、社長の主観的な贔屓目もありますし、一方では、差をつけるに忍びない情もあるでしょう。それぞれに主観や情も絡んで難しさが異なります。

いずれの場合にも、現在の社長がトップとして全体を統制している限りで複数の後継者候補たちの関係性に問題がなかったとしても、社長が退任した後には、それぞれの意見や主張がぶつかり合ったり、対立したりしないとは言い切れません。

「仲良くみんなで力を合わせて頑張ってくれれば良い」という責任回避をせず

に、会社を愛し事業の存続発展を願う社長として、後継者候補たちの資質能力や関係性を見極め、社長退任後のトップに立つべき者と経営管理体制について明確な意思を示すべきです。当然、それぞれの後継者候補には個々に話をして納得を引き出すことも社長の仕事です。

社内から選ぶか親族から選ぶか迷っている例としては、子供には経験や実績が少ないことに加えて、社長と今日を築いてきた仲間への遠慮などがあり、最も信頼と実績の厚い生え抜きの部下やナンバー2人材を後継者にしようと考えるケースが多いようです。

社長と一回りも歳の違わない生え抜きの部下やナンバー2人材であれば、仕事の能力や実績、その性格や気質までも知り尽くしていますから、安心して任せやすいに違いありません。

しかし、年齢が比較的近いために、またすぐに事業承継という難しいハードルを越える必要に迫られますから、経営が安定しないという心配に加えて、その後継者の年齢からみたときの社長在任期間が長くないとすると、長期的視点による戦略投資や経営革新に取り組むことは期待しにくいという問題もあります。

一方、そういう立場の後継者が、多額の株式取得資金を調達して株式を買い、その長期に及ぶ返済を考えると、名実ともにオーナー社長になることを躊躇したり、拒否したりするケースも多くなります。

ですから、現社長の同族支配はそのままにして、社内承継の後継者には株式取得を求めず、一定の任期を代表取締役として務めてもらうという選択をすることがあります。この場合は、相変わらず現社長及び同族関係者の所有と支配に伴う責任が残ったままですから、実質的な事業承継は先送りされ、根本の悩みは晴れず、事業承継の責任から解放されることもありません。

当然、現社長が亡くなれば、経営に対する意欲や関心の有無にかかわらず、株式は相続人である子息等に相続されますから、否応なく会社に対する責任を背負うことになります。

中には、社長の子息がまだ若いとか、まだ経験が浅い、あるいは、まだ他社で勤務していて本人の意思を確認していないなどの理由で、一定期間の繋ぎとして、いわゆるリリーフ社長を置くことを望むケースもあります。

現社長とリリーフする新社長候補との信頼関係が強く、その者の社長や会社への忠誠心が高ければ、リリーフ社長の要請を受け入れる可能性は高いと思います。

しかし、多くの場合、リリーフ社長に自分の次の社長を選び育て、更に次の世代に経営をつなぐ責任まで負ってもらうことは難しいと考えておかなければなりません。

つまり、その場合には経営を繋ぎ事業を存続させる責任を背負うのは、相変わらずオーナーであるあなたであるということです。

もしも、リリーフ社長就任人事が、生え抜き役員のそれまでの滅私奉公的な貢献に対する報恩人事であるならば、本人が本当に社長就任を望んでいるかどうかを問い直してみてください。長年にわたり現社長を支えてきた、いわゆる番頭格またはナンバー2の人材が、必ずしもトップに適しているとはいえないし、本人も求めていないこともよくあることです。曖昧なままリリーフを挟んで、本当の後継者の社長就任と社長修行の始まりをいたずらに遅らせてはならないと思います。

リリーフ社長候補と現社長の年齢差が小さく、二人の間に強い絆と信頼があるのであれば、あなたと一緒に後継者と次世代人材作りなどの事業承継課題に取り組んでもらえるように求めるべきでしょう。

当然ですが、親族内で後継者を決定するときには、子息子女を後継者として決定する場合にも、親として、また社長としての承継に対する明瞭な意思と望みや願いをシッカリと伝えた上で後継者本人の意思を確認してください。

残念ながら、本人はもちろん周囲の者も認める後継者がいるのにもかかわらず、肝心の社長は、当人に承継の明確な意思を直接伝えず、周囲に言明しない場合が多いことに驚かされます。

その場合のその者は、後継者ではなく〝後継者らしき人〟か、長く後継者候補のまま放置されている人になります。

今よりもっと不確実で難しい時代に向かって、リスクを承知で経営を承継しようとする者に対して、あなたは信頼と感謝をもって、自分の意思表明と後継者の意思確認をしなければなりません。

社内から後継者を決定する場合にも、もちろん、同様に敬意をもって事業承継に関する社長の意思と望みや願いをシッカリと伝えることから始めなければいけません。

言ってみれば、意中の後継者に対する先輩経営者からの〝想いの告白〟です。

その時には、決して焦って答えを求めてはいけません。

真面目に長く勤務している役員社員で、自分が社長になることを想定している者は極めて稀です。それでも、長年の上司と部下、師弟の関係にありますから、後継者候補である役員や社員はあなたの想いを受け止めるかもしれませんが、普通は即答することはできません。もしも、即答する者がいるとすれば、よほど独立開業意欲が強いか、考えが浅い可能性が高いと思った方がいいでしょう。

あなたにとって、長い時間共に働き、苦楽を共にしてきた後継者候補の役員社員に対しては、家族に近い親しみや絆があるかもしれません。でも、あくまで他人です。

あなたは、その他人の人生を大きく変える提案をするのです。

それは、あなたの責任で健全に会社を経営している限り平坦な道を歩いていける人生を、荒地を歩くような波乱万丈の人生に変える提案です。

その者に熟慮する十分な時間を与えることは勿論、シッカリと考慮し判断するための不足の無い情報や機会を提供してあげることが大切です。

それでも、多くの場合の諾否の判断は、経営承継や会社の内容などに関する合理的判断より、あなたの負託にこたえる覚悟ができるか否かとその者の配偶者の賛否が決断の中心となります。

社内承継を進める場合にも、あなたは自分の家族に対して後継者の特定と承継の意思を示して、異論のないことを再確認しておくべきです。これを契機に、子が承継を考え始めることもあれば、社長の配偶者や家族が、その後継者を望まないこともあるからです。

実話コラム

私たちは長い経験で、社長の「後継者がいない」という言葉を鵜呑みにしないようになってしまいました。「後継者はいるけど、いない」「後継者がいないようで、いる」ということがほとんどだからです。

実際に私たちが行った実態調査では、後継者（候補）がいるという会社が全体の八割弱で、その後継者（候補）の八割強が親族でした。一方では、後継者（候補）がいるという回答のうち社長交代の時期が決まっているというものは一〇％を大きく下回りました。つまり、九割以上が後継者らしき人か、長らく後継者候補のまま放置されている人でした。

社内の役員社員を眺めながら後継者がどれも帯に短し襷に長しで決めかね、一方では親族の承継を諦めきれずに一人で迷い続けている……という場合にも、社長は「後継者（候補）はいない」といいます。しかも、その迷いの原因は後継者側の能力や努力不足等であるという観点で話される方が大半で、育てる側のご自分の能力や努力不足等を語る方は極々稀です。

会社の係長や課長クラスでも放っておいては育たないように、息子だからというだけで自然と社長に相応しい能力を表すわけなどないにもかかわらず、あたかも〝社長らしくなる〟のをただ無為に待つように、徒に時間が過ぎ現社長の年齢が増えていくのを見ていると、私たちの不安は募るばかりです。

既に七五歳を過ぎていたある社長の相談をはじめて受けた時のことです。後継者がいないからM＆Aをするというお話でした。その数年後に再びお会いした時には生え抜きの社員に引き継ぐということでしたので、私は老婆心ながら様々な助言をしました。その後承継は動かないまま時が過ぎ、その次に会ったときには他社に勤務していた息子さんが帰ってきて継ぐことになったということでした。息子が承継することになって、ようやく事業承継は現実に進み始めました。全く畑違いの業種から多分家族愛で決意された結構な年齢の息子さんのことが私はとても心配で、時々思い出します。

またあるサービス業の会社では、社長は自らの判断で息子さんを会社に後継者として引き入れ、彼にとりわけ厳しく下積み仕事から教え込み、一方で着々と株式を贈与し、事業承継は誰の目にも順調に進んでいるかに見えました。

ところが、実は親の経営方針と全く異なる考えを持っていた彼は、自分の保有する議決権が五〇％を超えた時から、先代の意見に一切耳を貸さず独断で経営を行うようになりました。一方の先代は、彼の反発や親を無視するような行為をするとは想像すらしなかったという嘆きを訴えながら私に助言を求められました。

私はその言葉に愕然としました……。

「自分の子でしょ～?!」

第三章　社長固有の仕事、必要な資質能力

事業承継では、社長が自分の責任で自分に代わる社長を作るのですから、社長の仕事や仕事に求められる資質や能力を把握しなければならないのは当然です。

それも今の時代や環境で通用する能力だけではなく、次の時代の自社の社長に求められる能力までも考える必要があります。

そのためには、まず社長であるあなた自身を振り返ることです。

ところが、「俺は何も特別なことはしてこなかった」とか、「俺にできたのだから、やる気になれば誰でもできる」という発言をする社長がいます。

あなたは、「社長の仕事は何ですか？」と尋ねられたら、何て答えますか？

少し照れて「特に何もしてない」とうそぶきますか？

それとも少し誇らしげに「何から何までしてきた」と答えますか？

一　社長固有の仕事

先述したように、社長固有の仕事は**主に考えることと決めること**だと思います。

そして、**全ての責任を一身に背負い、他人を動かして目標の成果を上げること**が社長の仕事です。

つまり、直接的に成果を上げることや現業で作業にあたることなどの目に見える仕事ではなく、スポーツチームの監督の仕事に似て、むしろ目に見えない仕事が主要なものとなります。

社長が目標の設定や努力の方向を間違えば、目前の勝敗はもちろん、将来の存続を危うくすることにもなりますから、日頃から常に「経営の現状を冷静かつ適切に把握」し、「将来のことを案じて何をすべきかを考え」、現実の問題はもちろん将来の見えない課題に対しても備えなければなりません。

社長固有の仕事の能力は、知識や知力を基礎として、主に経験によって培われるものと私は考えています。

人生を賭して血の滲むような努力を注ぎ、「もうダメかもしれない!?」と観念した苦難さえ乗り越えてきた経験は、後継者と容易に共有できるものではありません。あなたと後継者の能力は、比較のできない別のものです。

それでも、後継者が社長になれば、同じように逃げ場のない責任が覆いかぶさってきます。

まさに虎の背中にまたがって進んでいるようなものと比喩されるように、降りたり逃げたりしたら襲われるから跨って走り続けるしかないのが、中小企業の社長です。

経験不足で知見も実績も足りない未熟な後継者であっても、社長固有の決断を避けることはできません。

経験値と判断材料が充分な眼の前の問題に関する判断は、課長や部長クラスの責任ですが、まだ問題の一部が隠れていて、判断材料には不足があり、もしも判断を誤ったり機を逸したりすれば未来に大きな負の影響があるような事柄に対する決断は、社長固有の責任です。つまり、**決め難いことを決めるべき時に決める**のが、社長の仕事です。

決断をするのに多くの意見を求めることは大事です。

しかし、その中から誰の意見を参考にし、誰の判断を採用しても、その結果責任は一身に社長にのしかかります。だから社長の仕事は孤独や不安と隣り合わせで、そこからの逃避は無責任を生じ、他の役員社員の信任を失うことにつながります。

後継者が、その経営者にしか知りえない孤独と不安を自覚した時から、社長の修業が始まると言って良いでしょう。

もしも、後継者が孤独から逃れ不安を忘れようとして、社外に無責任な賛同や一時の安心を求めるようになると、社内での意思疎通が薄くなり求心力を低下させ、それが油断につながることがあれば、経営を自ら危機に晒すことにもつながります。

二　社長に必要な資質

伊丹敬之さんは『よき経営者の姿』の第三章で、経営者たる資質として**エネルギー、決断力、情と理**の三つを共通して普遍性があるとしてあげています。まずよき経営者の基礎的な特徴はエネルギー水準の高さで、体力だけではなく知力、意思の力を含み、特に難所で踏ん張るエネルギーはきわめて重要であると述べています。また、決断力は決断力＝判断力＋跳躍力と表現するのが適切なように思うとし、情と理とは人の心情と論理的な判断のバランスや優先順位をきちんと考えられることであると語っています。

また、P．F．ドラッカーは『経営者の条件』の中で「経営者に必要な能力は、優れた業務能力や技能の習得の延長線上にはない。知識を超えた別の次元の人間的能力である……経営者の能力は、性質／人格、モノの見方や考え方、信念、哲学、志などの先天的気質・資質／習慣的・役割的性格の基礎の上にある」と言い、さらに「成果をあげるエグゼクティブの自己開発とは真の人格の形成でもある。それは機械的な手法から姿勢、価値、人格へ、そして作業から使命へと進むべきものである」と記しています。

二人のエキスパートが共通して言っているのは、知識やノウハウではなく、哲学や人格的能力に社長の資質を求めている点です。

その意味で、私が日頃、多くの後継者を目の当たりにしながら、その行動や態度において欠いてはならないと思うことが幾つかありますが、何といっても大事なことは、自分の責務に対して真摯であることです。

そして、全ての人や物事に対して謙虚であり誠実であることです。

それは、会社、事業、経営に対して社内の誰よりも熱心でひたむきであること、社内の誰よりも懸命に働くこと、そして、目標などを達成することについても社内の誰よりも粘り強く、強い意志を持っていることです。

そのほかにも、これからの未知の経営環境に向き合うためには、好奇心や探究心が必要になると思います。自己に固執しないで他者の意見や価値観等を受け入れる開放的姿勢がとても大切です。人を動かすリーダーには、外に向かう精神的なエネルギーやパワーの強さが求められる反面で、情緒的な安定性または感情的言動を抑制する自制心が求められます。

望めば切りがありません。あなたは、あなたが決めた後継者が、社長となった日から幾多の困難を乗り越えて学習し逞しく育っていく姿を見守っていくことになります。

三　社長に必要な能力

社長の仕事に求められる能力、つまり、社長業の職務能力をどんな基準でみるかというのは大変に難しい問題です。

考えることと決めることを主とする社長の仕事には、「どんな業務を、どの程度できるか」という課業単位の評価方法は適しませんし、成果で測ることも困難です。

社長の仕事の成果は、決算書に表現される業績成果で測ることもできますが、短期的に現れる数値だけでみることはできません。それどころか、目に見えない成果の積み重ねであり、気付いた時には取り返しがつかないほど先になって結果が現れます。

経営する会社の組織や取引の規模や拡がり、あるいは、成長期にあるか停滞期や低迷期にあるかでも、社長に求められる仕事が異なり、そこに期待される能力も自ずと異なることになります。

私がこれまで多くの中小企業に接してきた中で、規模や業種業態に拘らず比較的共通すると思われるものをいくつか挙げて、参考に供したいと思います。

①　戦略発想と目標設定力

あなたの後継者には、夢、志、野心や目標はありますか？

近ごろの若者には夢や野心が無いと嘆かれることが多い昨今ですが、社長となる若者には無くてはならないものだと思います。それは、社長を動かすモチベーションの源になることは勿論、経営の難所や厳しい局面で踏ん張らせるエネルギーとなるはずです。

世の中は「目標を与えられてこれを実現するために働く人」と「将来に新たな目標を考え与える人」に大きく分かれますが、社長は後者です。しかも中小企業で目標を決める人は社長一人です。つまり、社長は、会社の命運を左右する基本的な方向付けを決定する唯一の責任者なのです。

社長は、内外の環境の変化や自社の経営資源を見極めながら、経営目標を設定し、戦略を打ち立て、社員の士気を盛り立てて成果を上げなければなりません。

しかし、眼前の問題解決や当面の課題への取り組みの先に、未来の姿が描きにくい今日の経営環境や将来見通しの中で、どうやって社員を奮い立たせる目標を掲げることができるのでしょうか。

そこに、現在から未来にハシゴをかけるのではなく、未来から現在へハシゴを降ろすという発想が必要です。来たるべき未来に夢、志、野心、野望を打ち立て、そこから導かれる現実の目標を設けて、その達成のために不足や不可能を減らしていく努力を着実に粘り強く重ねることだと思います。

市場と経済規模が縮小し、不確実性が増すばかりの未来の経営環境に立ち向かうリーダーには、この力が求められると考えます。

② 人心融和力

あなたの後継者がまだ若いとすれば、後輩に好かれ先輩に可愛がられる青年ですか？　年齢は後継者より下であっても、その会社におけるキャリアは上の者もいるでしょう。後継者が継ぐ会社を支え今日を作り上げたのは、全員が後継者の先輩です。ノウハウも信用も役員社員のヒトに帰属するものです。後継者にはそのヒトの感情に働きかけ心を動かす力が必要です。

多くの中小企業は、システムやルールで機能する組織というよりも、社長と社員の対人関係の束として機能しています。

P.F.ドラッカーは『経営者の条件』で、部下を持ち影響のある地位に置く者については、「人間性と真摯さに関わる欠陥は、単に仕事上の能力や強みに対する制約であるにとどまらず、それ自体が人を失格にするという唯一の弱みである」といい、業務能力が優れているということで人の上に立ててはいけないことを強い言葉で表しています。

後継者は、まず社内の情緒的な人間集団に受け入れられなければなりません。人と共感したり共鳴したりする力があり、自分の言動で人の考え方に影響を与えたりして快い協力を得る力が人心融和力です。

③ リスクと挑戦のバランス感覚

「君子危うきに近寄らず」という表現と「虎穴に入らずんば虎子を得ず」とい

う表現がありますが、あなたの後継者（候補）はどちらでしょうか？

前者を保守的で勇気がないといい、後者を挑戦的で勇気があるというだけでは、後継者を正しく評価することはできません。

「私は臆病だからここまでやってこれた」と語るベテラン社長が、結果的には、結構大胆な投資行動や挑戦をしてきているケースを見ることがあります。つまり、勇気を奮い起すものは健全な恐怖心であるということです。恐怖心のないまま突き進むのは蛮勇であり、社長には無用です。

よく若い後継者にバランス感覚を求めることがあります。

後継者に不安を覚えるばかりに、無理をしないように、慎重に……という想いが、バランス感覚という言葉にすり替わっていることもしばしばあります。

しかし、何も変えず守るだけならば、世代交代の意味がありません。将来に向かって布石を打つ投資や挑戦は、そのバランスを意図的に崩す行為です。問題は、バランスが崩れているという自覚とそろそろバランスを戻そうという状況やタイミングの判断力が有るか無いかです。

④ 優先順位を的確に判断できる力

中小企業の社長の仕事は極めて広範囲で忙しく、小さなことから大きなこと、良いことから困ったことまで、次々に襲いかかってくる大量の事柄に対する判断と決断の連続が日常です。

あなたの後継者は、慌てず騒がず、落ち着いて仕事ができていますか。

多忙な毎日の中で、重要性や緊急性でウェイト付けをして、的確に優先順位を判断し指示を出すことができるかどうかは、とても重要です。

優先順位を決めるということは、劣後するもの（後回しにするもの）を決めることができるということであり、その基準を持っているということです。

その基準は、後継者の人生観や仕事観、ものの考え方や信念信条を背景として、経営者としての基本的な方針や理念がシッカリと自分のものになっていれば明確で、そこからくる決断は役員社員の信頼につながることになります。

後継者は、先代社長の日常や時に応じて示す確固たる決断や姿勢を習って身に付け、次第に自分のものにしていくことが大切です。

実話コラム

私が日頃接する社長は、六〇代から七〇代の方が多いのですが、彼らの多くが教えるとか、丁寧に伝えることが苦手なようです。決して口下手とか無口とかいうのではなく、特に若い者や息子などに対するときに不器用になるようです。

先輩社長として後継者に教え伝えるべきことは、文字や文章になった知識より、これまでの苦難や成功の経験から紡がれた物語なのですが、その大切な要素を伝えるのが難しいようです。

もちろん、私にも気持ちはわかります。

実際の仕事を教える、熟練を継承するという場面で、自分がやってきたコト、やり方や考え方をすべて飲み込ませようと急ぐから要らぬ抵抗にあい、教える側と教わる側の関係がこじれるのです。

原点は自分の会社に対する絶大な責任なのですが、後継者に対する心配や不安が、承継後の行動への懸念や恐れになり、しまいに当人への不信感に高じてしまうと、精いっぱい努力している息子からすれば只々ヤル気が失せる言動でしかないわけです。もうそうなると、言葉は感情に任せて、事業承継の努力を無駄にするような発言まで飛び出したりします。

責任は、言うまでもなく人生の先輩であり親である社長にありますが、基本的に体験や気持ちを言葉にすることが難しいので、聞く側が「知りたい」という強い気持ちで向いてくれない限り結局空回りして伝わることはありません。

ある相談でのことです。同席していた一〇年以上真面目に熱心に父親の会社で働いてきた息子が、途中で急に継がないと決意を表明したものですから大変でした。何よりも深刻なことは、子の気持ちの決定的な変化に毎日同じ場所で同じ時間を過ごしている親が全く気付いていなかったことです。

良くコミュニケーションの不足を嘆きますが、これはもうコミュニケーションの欠如です。仕事の打ち合わせや言い争いはコミュニケーションのうちには入りません。たいていの社長は、他人の部下に教えたり、説教したり、語ったりするほどに息子には話さないものです。

ミスコミュニケーションという言葉があります。これは、会話はあるものの、肝心の認識や意図が伝わらずに、ズレが生まれてすれ違いや思い違いがいつの間にか心の底に沈殿していくことです。親子などの近い関係ならではの「そのくらい、言わなくてもわかっているだろう」という甘えや思い込みが元です。事業承継が大事ならもっともっと話しましょうね！

第四章　後継者を社長に育てる

あなたは、後継者を立派な社長に、信頼されるリーダーに育てることを明確に意識していますか？

後継者は、社長になる前に、社長としてどのように行動するかを学んでおく必要があります。社長の役割や働きは、**社長になる一歩手前の役割や働きとは全く違います**。

だから、社長になった後では遅いのです。

あなたは、後継者の何かを改めさせようとするとき、自分の経験や価値観、あるいは主観だけに頼っていませんか？　そして、それを押し付けようとしていませんか？

社長は、どれ程優れた能力を持っていても、一人では一人分の成果しか出せません。

というより、企業組織がある程度まで育っていると、社長一人では何もできないと言った方が正しいでしょう。

社長の仕事は他人を動かして成果を上げることだと言いましたが、それは社長の地位や権力によって人を動かすということではなく、リーダーシップによって人を動かすという意味です。ここで人を動かすというのは、人がリーダーの指示を自分の考え方として受け入れて本気で動くようになることです。

リーダーシップとは、力によって人を従わせる行為ではなく、組織メンバーの感情に働きかけて、考え方や行動に影響を与え、組織目標に向かわせるプロセスをいいます。

ですから、実績や能力によって裏付けられた権威、あるいは、地位や支配力による権力によって上から下に向かって服従させる行為ではありません。

社長は、社長を認めて受け入れている人がいて、はじめてリーダーとして存在しているということができます。

つまり、後継者が若いから、本人が未熟だから社長としてリーダーにはなれないのではなく、組織のメンバーが後継者を認めて受け入れられないからリーダーになれないのです。後継者へ経営の承継が済めば社長は去ることになりますが、去った後に、先代社長をリーダーとして受け入れてきた社員や役員が、未熟な新人社長をリーダーとして受け入れるかどうかが大変に重要です。

特に、事業の屋台骨を支える組織上の重要な役割や社員たちのまとめ役を担う中心人物が、後継者をリーダーとして認めて受け入れるかどうかは、事業承継の成否に重要な関わりを持つことになります。

後継者を社長に育てる過程では、あなたと後継者の一対一の関係性だけにとどめず、事業承継の成否に重要な関わりを持ちながらも事業承継を遠巻きに見ている人たちを積極的に巻き込んで、率直に意見や協力を求め、後継者が社長になるための問題や課題を明らかにしていくことができれば、経営の承継は安定するはずです。

経営の承継が成功したか、失敗したかは、業績成果などの財務数値だけが表わすものではなく、まして、あなたが決めることでもありません。

後継者が、**事業承継の成否に長く重要なかかわりを持つ人たちと良い関係性が築けて、彼らの評価や手助けが得られるようになるかどうか**で決まります。

事業承継の成否に長く重要なかかわりを持つ人たちとは、当面はあなたを支えてきた後継者の諸先輩たち、長期的には後継者と時代を共有する同世代と後輩たちです。

同世代には、大なり小なり後継者に対する競争心や嫉妬心があり、それは面従腹背の基となり、ときに彼らのモチベーションを下げます。

後輩たちは最もよく後継者の人間性をみています。下の者に対して言動や態度の変わる人を見極めています。

多くの親族内承継の後継者については、社長としての能力においては勿論、職務上の業務能力や経験値においても、不足を上げればきりがありません。しかし、上手くいかない後継者の多くの場合は、仕事能力の不足ではなく、対人関係や意思疎通などの言動、態度や姿勢の問題であることを正しく理解してください。

一　社長が後継者を社長にするためにとるべき行動

あなたは、自分の意見に賛同し、自分に似た価値観を持つ部下を重用していませんか？

人は、自分の弱みや苦手分野に関しては寛大で、強みや得意分野においては他人に厳しく評価する傾向があります。

あなたは、「どうして私のようにしないのか？」とか、「どうして私と同じように考えないのか？」とイライラしてはいませんか？

せっかく世代の異なる後継者が次の経営に当たるというときに、あなたと同じ考え方や見方の後継者では、未来に向けた新しい価値観を取り入れた挑戦や経営の革新は望めません。

たとえ、あなたにとって快くないとしても、自分と違った感じ方、見方、考え方ややり方を認めることも事業承継の一つの大切な意義です。

大切なことは、あなたが後継者をどう見ているかより、あなたが去った後に残る役員や社員たちが後継者をどのように見ていて、何を改めてほしいと願っているかです。

役員や社員は、後継者をじっと見ています。

役員や社員は、あなたと後継者の関係をじっと見ています。

後継者の先輩は、あなたの時代を支えてくれた人たちであり、役員は、あなたが登用した忠実な部下たちです。

彼らには、シッカリとあなたの後継者決定についての意思を明示し、必要な説明を行い、彼らが後継者をどのように見ているのかを掌握しながら、後継者を支えて健全な経営の承継に協力してもらえるように導かなければなりません。

これに失敗すると、古参の幹部社員などが、長い間自分に向けられていたあなたの信頼や期待が、後継者に向けられたことに対して嫉妬心に似た深い感情を抱くこともあり、それが後継者の障害となることがあります。

後継者の同僚または同世代の社員等は、まさに今後長く後継者に協力して良い一体的な関係性を維持していってもらわなければならない人たちです。中には、後継者より自分の方が優れているし、本当は自分の方が社長に適していると思う者もいるかもしれません。

事業承継を契機にして、組織の一体性を失わないよう、人材の流出をさせないように配慮しなければなりません。積極的に双方向の密なコミュニケーションをつくり、後継者の両腕を成す人材の発掘と登用による次世代経営管理体制作りも合わせて進めることが大切です。

後継者の後輩や部下は、後継者をどう評価し、信頼を置いているでしょうか？

案外見落としがちな世代ですので、注意が必要です。もしも、彼らから見て、後継者が、目上の者と目下の者に対するときで異なる態度や行動をとっているようなことがあれば、そのような行動をとるような者が社長になることを歓迎しないでしょうし、社長就任以降において組織の活力停滞の原因となるかもしれません。

あなたの会社の役員や社員は、自分たちの今後に大きな影響のある後継者の決定を行ったあなたの言動や態度を強い関心を持って観察しています。

ですから、あなたは事業承継について自分の確固たる意思をみせるという意識に変えることがとても大切です。

そもそも、経営者というものは、その一挙手一投足が仔細に観察され、社員はその一言一句に耳をそばだてて、その意味を解釈しようとしているものです。ときには、然るべき場の発言より何気ない一言が、言葉よりもチョッとした気の抜けた態度などが、社員に大きな影響を与えたりします。

二　後継者の心の育て方

後継者は、これから社長という未知の世界に入ることになります。あなたは、経営者として、あるいは親または先輩として、未熟な新社長の未来を懸念して、少しでも不安を取り除き、苦労の種を拾おうとしていませんか。どれだけ経営を改善して利益力を上げ、財務力を高めても、後継者が社長として会社を背負っていく先の時代まで盤石のものにすることなどできません。それどころか、一〇年二〇年先を想像することすらできません。

苦労の種を拾うより、今と未来の困難に向かって苦労を共にすることの方がはるかに後継者の将来の糧となるのです。そもそも多くの事業承継の最大の問題は、後継者には社長との共通の体験が他のどの役員社員より少ないことです。

だから、あなたは、可能な限り後継者を連れ歩き、行動を共にし、同じ場面を見て感動、喜びや悔しさなどを共有して、同じ課題に向かって一緒に悩み考える中で、学ぶ機会を与えることを大切にしなければなりません。

社長は、事業が目覚ましい成長を遂げ、組織や売上規模の拡大などを成し遂げた時に、優れた経営者として目立ちますが、派手な成功だけが必ずしも優れた社長の証ではありません。むしろ、上手くいかない時や、思い通りに行かない時に、社長の本領が発揮され、社長の存在価値が増します。

その根源は、社内の誰よりも強い責任感に裏打ちされた「覚悟」です。

もともと逃げ場のない立場にある社長にとって、望まない事態が生じることも想定して備えること、そして、起きたことには冷静に事実を受け止めて慌てないことの二つの態度も、その「覚悟」が無ければできません。

時代を問わず、企業経営の本質は、変化への適応力です。

独自の個性的なビジネスモデルを持つ中小企業の多くは、変化を予測しつつ、現実の小さな変化や予期しない成功を機敏に捉えて、試行錯誤をスピーディーに繰り返し、自ら変化に挑戦してチャンスを捉えた会社です。

その変化の予兆を捉え、不安を振り払う信念をもって根気強くビジネスを培ってきたのも社長の強い「覚悟」です。

これが中小企業は社長次第と言われる所以です。

もちろん、中小企業の経営が悪化していくときもまた、社長次第です。社長は、成功体験が続くと現状認識が甘くなったり、「慢心や油断」が生まれたりして、判断を誤り、失敗や損失を生じさせます。

「慢心や油断」は、経営実績に対する自らの自惚れ、外部者からの甘い言葉や持て囃しなどの影響を受けて起きます。

「慢心や油断」は、社長の不安や孤独、決断の怖さや怯えを忘れさせてくれる麻薬です。

特に業界や地域で評価の高い会社を承継した後継者は、最初に「慢心や油断」と闘わなければなりません。世間のチヤホヤは、わずかでも後継者の足を地面から浮かせる魔力があります。

「慢心や油断」が社長の中に生じると、経営状態の悪化の兆しがあっても、それを自分の責任として正しく受け止められず、自分は正しくて結果が悪いのはたまたまで、責任と理由は外部環境にあると考えるようになります。それでも更に状況が悪くなると、今度はマイナスを一気に取り返そうと焦ってしまい、かえって窮状を深めていくことになります。

不安や孤独に疲れて、弱気な組織的・民主的意思決定という罠に陥ると、社長は意思決定ができないか、ただ結論を先送りする〝決められない人〟になってしまいます。

後継社長が、実務経験や実績が少ないことを劣等コンプレックスとして持つと、周囲の意見や声なき声を気にしすぎて、委縮しているようにすら見えることがあります。

もちろん、独裁や独善は、あってはならない社長の言動であり、会社を蝕むことになりますが、独断は中小企業の社長にとっては必然です。

独裁とは、一人の人間が権力を独占し、すべてを支配して恣意的に物事を進めることであり、独善は、他人の利害や立場を考えず、自分だけが正しいと考え行動することですから、リーダーとして最も慎むべき態度です。一方の独断は、個人の思い込みや公正を欠いた決断という負の意味も含まれますが、一人で物事を決断することですので、決め難きことを機を逸することなく決めるべき時の社長には必要な姿勢です。

慢心と油断が、独裁と独善を招くと、個人の見栄、意地、私欲、私情に流されて大事な価値判断を誤るようになったり、我執と固執、思い込みに縛られて現実が見えなくなったりして、耳の痛い外の言葉が聞こえなくなることがあります。

問題は、そうなったときに後継者を諫める人がいるか、いないかということです。

例えば、あなたが社長を退き会長になったとして、後継者を諫めることができるでしょうか？　彼はあなたの諫言に素直に耳を貸すでしょうか？

ですから、後継者には社長になる前から、深い内省心が必要です。

悪いことがあった時はもちろん、どんな時も怖れるように反省すること、惜しまず身震いするほど悔やむこと、日頃から客観的な自分の振り返りと、些細な自分への気付きを積み重ねることなどの習慣をつけることがとても重要です。

実話コラム

事業承継の主人公は、社長と後継者ですが、実は、多くの役員社員たちは、その様子や行く末を心配しながら、あるいは興味本位で観ています。社長という仕事は、そもそも観られる仕事ですが、二人の関係性も観られています。

事業承継においては、会社の人心のまとまりを図る上でも、観られているなら「観せよう」という意識で、社長と後継者の緊密な連携や信頼関係を衆人環視の中で創り上げるのも一つの方法です。

時間が許す限り会議、打ち合わせ、商談、視察研修などに同席・同行することです。照れてはいけませんよ。大事な事業承継のプロセスです。一緒に仕事をして感じた感想や意見を交わすことがとても有効です。

数名の会社から苦労して成長してきた会社の、創業時からの生え抜きの幹部社員にも、社長の信頼を全身で受けて会社を背負ってきた自負があります。社長の子が入社すると先輩として社長の負託を受けてその指導にあたることになりますが、当然ながら、彼を差し置いて息子が社内の地位を上げていくことになると何となく釈然としなくなってくることがあります。そこに想定以上の息子の頑張りや進境を見た時に、嫉妬に似た感情にさいなまれ、自分から自分の居場所を失っていくという事例は少なくありません。そんな時に、社長は二人に媚びたり慰めたり、二人を天秤にかけたりしてもいけません。社長の事業の承継に向けた明確な方針と意思を示すよりほかはないのです。

後継者の頑張りと社長の意思が明瞭になることが大事なことですから、もしもその者が退職をすることになったとしてもやむを得ません。

親父の時代の上下関係、長幼の序、上司と部下の絶対的服従関係などというものが無いことは承知のはずなのに、先代社長は古くからの態度や言動を変えられず、一方で後継者はその反動なのか時代感覚なのか、異なる社長像を体現しようと合議で重要事項を決めようとするが思うようにいかない。先代社長は、そんな後継者の振る舞いは歯がゆくて仕方がないという、一触即発の危うい冷戦状態が二人の間に続くことがあります。

甘さと優しさは根本的に違います。甘さは自分のため、優しさは相手のためです。行き詰まる後継者に優しく手を差し伸べてあげるべきですが、それが上手くできないのです。

遠慮しすぎて言うべき時に言うことができないで、お腹にたまっていきます。

実は、そんな一部始終を役員社員たちが観ています。

先代社長には、こんなに厳しい未来が待っているのに、経営を承け継ぐ覚悟をした後継者に尊敬と感謝の気持ちを持って、ひたすら事業承継の成功のために、一番の理解者、一番の支援者となってあげるしか道はありません。

なのに、そのことをときどき忘れて道を踏み外します。

先代は後継社長との距離を上手く取れずに近づきすぎて組織的意思決定や指示系統に混乱を巻き起こします。そんな時に適時適切に先代を諫める人がいないことは残念です。良い相談者を見つけてください。

第五章　後継者の育ち方

「私は、経営者は基本的には『育つ』ものだと思う。単純な技能や知識を教えることと同じような意味で、経営者の育成を論じるわけにはいかない。経営者のなすべき仕事はそれだけ人間としての総合的な『ワザ』あるいは『アート』であり、人格的な背景を必要とするものなのである。『育つ』とは、本人が自律的に成長していくプロセスである。栽培でもなければ、育成でもなく、自生であり自育なのである。」

これは、伊丹敬之さんの著書『よき経営者の姿』の第四章にある文章です。

私が十数年間事業承継の現場を歩きながら感じていた疑問が、この「育つ」という言葉に出会って解けていきました。

そうなのです。後継者を育てるのではなく、後継者は「育つ」のです。

大事なのは、育て方ではなく「育ち方」なのです。

育ち方とは、後継者が自ら気付きを得て自律的に自己の育ちを促し、あなたは育つのを見守り助けるということです。

そもそも相応の年齢に達した大人（自己の確立した人間）を育てようとして、果たして、育てられるものでしょうか？

育つということは、その者の何かが変わるということです。それは、物事の捉え方であったり、考え方や意識であったり、言動や態度であったりします。

その意味では、育てるということは、「変える」ということになります。

そして、育てる……という言葉には、人の何かを多少なりとも「思うように育てる（変える）」「都合のいいように育てる（変える）」というような、育てる側の意図や思惑、あるいは、傲慢さが含まれているように思います。

だから、思うようにならないと不満に思ったり、腹が立ったりするのでしょう。

そういう育て方をしていると、実は、「できたこと」より「できていない」

ところや不足ばかりに目が行ってしまい、育っている（変化している）ことに気付かないこともあります。

ですから、育てる責任を担っている者は、自分が育てるのではなく、相手が育つものであるという発想を持つことが大切になってきます。

しかし、あなたは、後継者に自社の未来を託す立派な社長に育ってほしいという切なる願いを込めているわけですから、ただ自由に個性的に、伸び伸び育ってくれればいいというものではありません。

当然、あなたは、様々な機会を用いて、後継者に自らの想いを話し、自分の社長としてのこれまでの経験を通して得た基本的な考え方、心構えや心掛け、あるいは、あなたの願いなどを、一つでも多く後継者に伝えなければなりません。

中には、何にも教えず、何も干渉をしない放任主義を掲げる社長もいますが、それは一面で無責任な経営承継と言わざるをえません。

ここからは「育つ」「育ち方」という切り口で考えてみたいと思います。

一　育つための時間の価値

後継者の多くには、社長になるまでの大切な時間があります。

それは、創業社長には持てない貴重な時間です。

あなたの後継者は、そんな時間をシッカリと自覚して大切に使っているでしょうか？

どんなに経験豊富な社長だって本当は面倒な問題や困難は避けたいし、もしも経営が危機に瀕することがあれば大なり小なり動じます。逃げ出したい気持ちにもなるかもしれませんが、自分が会社経営の最後の砦ですから、逃げるわけにはいきません。

だから社長は強くなければならないのです。

先代が急逝し、後継者としての準備期間がほとんど持てなかったという社長には、皮肉にも、その強さが備わっていることがあります。

その強さは、個人の生来の気質や性格的な強さというよりは、社長の役目として身に付けなければならない強さです。

その強さには、攻める強さと守る強さの二つがあります。

攻めるとは獲得することですが、守るとは失わないことです。

攻める強さは、目標や夢を手にするために前に向かって仲間を鼓舞する強さです。社内の誰より一番強い意欲を持って指揮をすることです。しかし、人事を尽くしても思うような成果を得られないこともありますが、負けた時の社長の姿勢が大事です。どんな時にも社員の心を支える、根拠のない不屈の強さや明るさが必要な時があります。

自分の利益や立場を守ろうとすれば、守る強さは保守的となり責任逃れにつながるものです。しかし、会社、すなわち社員と取引先を守り、誇りを守ろうとする時には、決死の背水の陣の大将のような強い闘争心と冷静な状況判断の両方が求められます。

逞しいベテラン社長には経験によって得られた強さがあります。それは負荷をかけるほど骨が強くなり、骨折すると治る過程で一時骨が太くなるようなものです。

これから社長になる後継者には、そんなものはありません。

社長になってから強くなるための社長の旅が始まります。


本来は、頼れるベテランの社長がいる時だからこそ、後継者は親世代からみれば荒唐無稽と思えるほどの大きな目標、夢や志を純粋に描くことができます。後継者の目標や夢は、世間知らずで甘いとか、絵に描いた餅に過ぎないと言われることが多いかもしれませんが、この時期にしかできないことがあります。

あなたの後継者は、社員や取引先などに多くの影響力を持つことの責任を感じて、これからの社長人生の中で「何を実現したいのか」「何をなさなければならないのか」という目的や目標を描くことができているでしょうか。

私は仕事を通じて、しばしば社長に自分の意見や主張がはねつけられて不満を募らせている若い後継者（候補）に会うことがあります。その多くが、それ程高い志や目標や夢を持ち合わせず、目先にとらわれていることが多いことに落胆します。

私がそんなときに「どうせ絵に描いた餅なら、今にも食べられそうな垂涎の餅を描いてみろ！」と煽ってみせると、彼らは決まって驚いた顔をします。

もしも、想いの詰まった今にも食べられそうな餅を描けたとしても、それをホンモノにしようと行動を起こせば、いやが応でも厳しい現実の試練が待っていて、思うようにはさせてくれません。

やがて厳しい現実に長く晒されているうちに、志は時代に流され、しぼんだり、多忙な日常に埋もれたりして、社長は自分の高いモチベーションとリーダーシップを維持できなくなることがあります。

だから、後継者（候補）は社長就任までの間に自分の心の中に膨らむ夢や高い志、あるいは、大きな野心を強く育てることが大切なのです。親族内承継にあっては、そこに更に家族への愛情、事業を繋ぐことへの使命、承継に対する同族の期待と信頼があれば、それは後継社長の経営哲学や理念に育ち、ぶれない心や強いモチベーションを支えエネルギーの大事な源になります。

攻める厳しさや守る厳しさのいずれに直面した時も、自分の決断や行動を支える力になります。

二　育てる責任と育ち方

育てる責任は、言うまでもなくあなたにあります。

事業承継は社長の固有の任務ですから、自らの決断で後継者を堂々と選抜し、必ず一人前の立派な社長にする覚悟で、本気で取り組まなければなりません。それは経営責任です。

問題は、後継者の中に何を育てるのかということです。

一般に経営能力と言われますが、引用したP．F．ドラッカーの言葉のように、それは優れた職務能力や技能の習得の延長線上にはなく、人格、性質、モノの見方や考え方、信念、哲学、志などの、先天的気質と後天的な習慣や役割的性格の基礎の上にあります。

例えば、営業マンを一人で新規契約を取れるまでに育てる、技術者を単独で現場を任せられるようになるまでに育成する、経理マンを資金繰りが安心して任せられるようになるまでに育てる……などの職務能力の向上は、到達レベルの個人差と要する時間の違いを除けば、誰にでも教え込むことが可能でしょう。もちろん、高い意欲を維持するように動機付けすることも含めて、一定以上の学習能力は必要ですが、育成することはできると思います。

しかし、経営能力は経営に関する知識を習得することや、誰かに教えられることだけで身に付くものではなく、経営者の資質能力を基礎として、社長になった日から経験の中の修行的努力によって育つものであるということです。

経営者として理解しておいた方が良い知識や学習するべきことは、挙げればきりがないほどあります。様々な後継者育成講座やセミナーで経営戦略論、組織論、経営財務などの各種専門家による解説を聴く機会もありますし、知識を得るための多種多様な書籍も簡単に手に入れることができます。

習得した知識を用いた理論的で分析的な判断や決定は、多くの組織で日常の実務において合理性の維持や効率性の向上のためには不可欠なものですが、経営の大きな方針を決定するときには、ある種の社長固有の直感が不可欠になります。

経営の未来は不確実で混沌としていて、過去から現在の延長線上にはなく、合理的な分析や計算ずくだけで正解が見つかったりするものではありません。特に、これからの経営を担う後継者には、そんな未来の正解のない問題に、解を見出す意思決定力が問われる局面が多くなることを考えれば、直感、ひらめきや発想といったアートの側面の能力が求められるでしょう。その時に、「こうありたい」または「こうあるべき」という、確かな経営哲学やビジョンが、原動力としてますます重要な意味を持つことになります。

「育つ」ということは、後継者が自らを自律的に育てるということですが、そのためには、社長の育てたいという強い意志と徹底した支援があって、後継者には育つために必要な機会と十分な環境が与えられることが大切です。少なくとも、育つことを阻害するような環境は排除しなければなりません。

相応の社歴になれば、自社における勤続年数やキャリアが後継者を上回る役員社員が多いわけですから、後継者に積極的に育つ環境や機会を与えるということは、年功序列的な慣習に波を立たせることになります。嫉妬や不満も生まれるかもしれませんが、〝平等〟に扱っていては、育つための機会や責務を与えることができません。

ですから、あなたには、後継者の選抜と育成に対する明瞭な意思表示と一貫した言動が必要です。それが、他の役員社員を納得させて〝公平〟に扱う唯一の方法です。

三 「育つ」ための社長の役割

ときには、初対面の私に後継者についての不足や不満を延々と語る社長に出会うことがあります。そんな時には、私はこんな質問をします。

「社長は、真剣に後継者を育てていますか？」

その質問の意味は、育てる（育ってもらう）ために、忙しい社長自身の貴重な時間を、どのくらい費やしていますかということです。

育てよう（育ってもらおう）と願うならば、あなたは、今日から日常の言動を変える努力を始めなければなりません。

経営の承継は、親が子供に自転車を教えるのと似ています。

子は、親が後ろで支えていると信じて前だけを見て懸命に漕ぎ、親は自力で走れるようにタイミングをみて支えた手をそっと放します。心配だからといつまでも手を放さずにいれば、子はいつまでたっても自転車に乗れません。転んでも構いません。一人で乗れるようになるまでの共同作業ですが、乗れるようになったあとは親の手助けは無用です。

育てるのではなく、育つのを手伝い、育つのを待つ姿勢が求められます。

これまでたいして相談もせずに決めてきたことも、後継者や後継者世代の者と一緒に考えて決めるようにします。

これまでは、報告や説明をろくに聞かず指示だけを出していたことも、手を休めシッカリと報告や相談を聴き、自分の考えを伝えるようにします。

これまでは、報告は部下から受けるだけで、自分の行動は知らせてこなかったとしても、これからは印象的な出来事や感じたことなどを自ら積極的に報告するようにします。

このように、事業承継期に入ったあなたは、自らの日常の言動や態度を変え、今までになかった意思疎通をつくっていく意識を持たなければなりません。

教えるとは、知識を与えることではありません。大事なのは知恵を育むことです。

教えるということの中には、「何を知り、何をどう考えるべきか」についての、教える側の意図や指示、価値判断が含まれています。つまり、教えるとは、自分が相手に理解させたいことを選んで伝えているということです。

それに対して、知恵を育むとは、「自分で発見し、何を知り、何が真実かを全て自分で考える」力を身に付けることです。

ですから、教えるという立場にあるあなたは、後継者や後継世代に語るときに、彼らの批判的な視点や考え方を恐れたり、排除したりしてはいけないし、過去のやり方や考え方を押し付けようとしてもいけません。

あなたと後継者の間で大切なのは、意見をぶつけ合う議論ではなく、意見を良く聴いて理解を深める対話です。

経営の承継を行うなら、「どうするべきか？」の方法論で意見を交わす前に、様々な事実や現象について「どういうことなのか？」の問題認識の共有のために時間を惜しまないことが必要です。

後継者に足りないのはこれまでの会社と事業の歴史の中で起きた様々な現実ですから、重要な意味を持つ過去の選択や決断について、特に、過去の判断の誤りや上手く行かなかったこと、想定外の幸運な出来事などを話してあげてください。

もしかすると、彼らは過去の選択や行動に賛同しないかもしれませんし、異なる判断や批判的な意見を示すかもしれません。そこから、難しい将来の課題について共に額を寄せて考えることができます。

あなたは後継者に答えを急いで求めてもいけませんし、気に食わない意見を否定してもいけません。あなたにとって、後継者の意見に違和感があり、その意味の理解が難しいくらいが丁度いいと思ってください。

むしろ、そのように新しい価値観や意見が生まれてくるくらいでなければ、世代交代の意味はないと思いましょう。

四 「育つ」環境づくりと機会の与え方

大きな会社で社内から後継者を育てようとすれば、何百人何千人の中から将来の経営戦略に適合する人材を発掘し、必要な業務経験やトレーニングを積ませ、地位や権限を与えて長期的な育成を行うでしょう。グループ子会社の経営者や大きな責任あるプロジェクトのリーダーを任せるなどで経験を積ませ、その成果から経営能力を測ることもできます。

しかし、それは、大半の中小企業では難しいことです。

大体の中小企業では、全ての決定の結果責任を一手に引き受けるのは社長だけです。

専務や常務など何人の取締役がいたとしても、本当に重要な経営判断に責任を持って関与し、震えるような恐れを感じる経験をした人材が何人いるでしょうか？

つまり、中小企業では、後継者を社長に育てるためにはまず社長にしなければならないということです。それは、社長だけが、唯一経営者の厳しい現実を学べる立場だからです。


後継者が〝育つ環境づくり〟は、「任せること」です。

「任せること」とは、小さな単位の仕事を個別に指示してその成果を任せるという作業的なもののことではありません。判断や決定を「任せること」です。

あなたは、後継者に何をどのように任せていますか？

一切干渉せずに好きにやらせているという仕事の丸投げや、自分の仕事の一部を振っているだけの切り出しでは、後継者は成長しません。

例えば、営業は全部任せているとか、現場の管理は一切任せているなどは、社長固有の仕事ではなく、たまたま社長が担っていた一般の職務を任せているに過ぎません。

そんな場合でも、その仕事の背景や目的、基本的な方針を説明して、創意工夫の幅や自由裁量性を持たせるようにしてあげなければいけません。

後継者の成長のためには、自己裁量と自己責任を伴う仕事の任せ方をしなければなりません。

判断や決定を任せる場合には、任せた結果について決して文句を言わないことが大事です。任せたと言っておいて、結果が気に入らないからと批判したりすれば、後継者は任せられたとは思わないでしょう。もちろん、後継者の判断や決定に社長が横から口を出したり、後になって覆したりするようでは、後継者は育ちません。

あなたは、未熟な後継者に大事な判断はまだまだ任せられないと思うことでしょう。

任せられた者の結果を責めるなら、任せた自分を責めるべきです。

任せる前の後継者の力量の評価、任せる仕事や判断の選択や範囲、任せ方が適切であれば、適切な成果が出るはずですし、そうでなければ、あなたが任せ方を誤ったのですから、その結果責任を持たなければなりません。

いずれ、後継者に全てを任せるのです。

いずれ体力気力、あるいは、命が尽きて、任せた結果がどうなろうと口を出すことすらできなくなるのです。

後継者に限りませんが、人を育てるための機会を与えるということは、その者に緊張感と責任の重さという負荷をかけて、それをクリアさせて達成感を与え、成果を評価することでモチベーションを上げることです。

つまり、後継者を社長に育てるために、次にどんな機会を与え、経験を踏ませればよいかを考えて的確に行うのが、「任せること」です。

育つ環境づくりという意味では、社長の誤解や勘違いによって作られた後継者のキャリアプランをみることがあります。

例えば、非常に短い期間で会社の職務を一通り経験させるとか、会社の数字を診ることができるようになるために総務経理に従事させる、あるいは、まだ若い後継者を早々に専務や副社長などの役員にしたり、社長室、経営企画室などというスタッフ組織に帰属させたりするなどです。

多くの中小企業において、後継者がはじめに確かな実感を持って獲得するべきものは、他の役員社員との安定した関係性や親和性であり、会社における自分の居場所です。そして、自社において実務経験で知るべきことは、自社の儲けの真髄、固有の強みの何たるかを体感できる部署の仕事に就くことです。

① 社長自身が良い環境になる

実はあなた自身が、後継者が育つための〝一番大事な環境〟です。

後継者が育たないと嘆く社長が、実は育つことを妨げる一番のマイナス環境になっている例を見ることも、残念ながら私には珍しくはありません。

事業承継期に入ったら、あなたは、先に自分で決めず、自分の意見を言うのを後回しにし、予断を入れずに後継者たちの意見を求めて耳を傾ける習慣を身に付ける努力をしなければなりません。

そして、それらの意見を判断して、採択して「任せること」です。

そして、任せたことによる後継者の努力の成果や変化を、どの視点から見るかが重要です。それは、「上から見る」か、それとも「横から見る」かということです。

親として、先輩として上から見ていると、チョッとした変化を見落とします。

横から見ていれば、わずかな成長に気付くことができます。

横から見るとは、どちらが偉いとか力があるとかいう上下の意識を捨てて、自分も同じ平面の先を歩いているだけであるという意識で、後継者たちと向き合うことです。自分にも今の息子と同じ年齢の時があり、同じように怖いもの知らずの未熟な時があったことを思い起こすことです。

そうすれば、成果だけではなく、取り組み姿勢と努力の過程を見ることができます。

結果を評価するとか褒めようと頑張るのではなく、一つひとつの変化や成長を認めるように心がけましょう。

後継者たちの成長の速度でしか、事業承継は進まないのです。

後継者が育つための一番の環境である社長は、自ら積極的に、後継者との関係性の現状認識とその改善に努めなければなりません。

「お前にはまだ分からない」「そういう考え方だからだめなんだ」とか「そういうもんじゃないんだ」というような、門前払いや根本否定の態度は二人の関係を遠ざけます。

実は、「私は息子だからと言って甘やかしたりはしない」と後継者だけに必要以上に厳しく当たって、関係を壊してしまった例もあります。

これは、他の役員や社員への行き過ぎた配慮や、自分自身の甘やかすことに対する過剰な警戒感のようなものが高じて、かえって自然な関係性を作れなかった結果です。

自分の権威や影響力をことさらに強調するような社長の態度も良くありませんし、そのための諍いなども、当事者の関係性だけではなく、社内の雰囲気もギクシャクしたものにしてしまいます。

例えば、自分の良く分かる過去に属することには自分の判断や考えを押し付け、自分のわからない価値観や発想は認めないという理不尽な態度や、時代も経験も全く違う後継者に対して自分と同じ気づきや考えを求めてしまう不合理、そして、成長を性急に求めるあまりに、できていることよりできていない所ばかりに目が行ってしまうということも、後継者を懸命に育てようと頑張る社長が陥りやすい落とし穴です。

こうしたことを無自覚に続けていると、結果的に、あなた自身が、後継者の意欲を削ぐ最も悪しき環境になってしまいます。

あなたと後継者の関係性を良好に保つために大切なことは、あなたが後継者に対して、素直に感謝と尊敬の念を持てることです。

あなたは、**経営を承継することで失うものより、はるかに多くを得る**ことができます。

承継を実現することで、事業が続く、すなわち、誇りも名誉も財産も継がれていく喜びが得られて、何より、家と家族が、会社と社員が守られます。

あなたは、主役の舞台を降りて演出家となり、次の主役と一緒に舞台を作り上げるのです。

新たな役割と責任を楽しめたならば、あなたは後継者の良い環境となるでしょう。

② 社外の環境で育つ

初めから親の会社ではなく、一度は他人の飯を食ってきた方が良いという考え方があって、子息子女を同業他社などで一定期間の経験をさせてから、時機を見て自社に後継者として入社させるという手法を選択する場合があります。

後継者として一定期間後に自社に戻すことを予定して、取引関係等のある同業または周辺異業種の会社に預ける例も少なくありません。当然受け入れる会社の同僚や先輩となる社員は、辞めることを予定し、もしくは、いつか取引先の社長となる人間として短い期間だけ彼とかかわることになります。そこで何を、どれほど深く学べるでしょうか？

後継者になる者が、他社で何を学ぶかと言えば、当然ながら、そのよその会社の仕事のやり方、その組織文化や人間関係です。同業であれば、自社に戻ってからも通用する仕事の技能などを覚えるという狙いもあるかもしれません。しかし、後継者が、最も学ぶべきものは承継する自分の会社の仕事のやり方、組織文化や人間関係等であるはずです。

いずれにしても、いわゆる修行先では何を学ぶのかについて、目的や目標をハッキリとさせておくことが大切です。

親の会社だと甘えが出るから他人に揉まれた方が良いということを、他社での修行の意味として挙げる方がいますが、仕事を覚えたり人間関係を作ったりすることにおいて、後継者が親の会社にいるから甘やかされているという例を、私はあまり見たことがありません。

もしも、後継者を甘やかせているとすれば、実は親である社長自身か、その意図を忖度する先輩役員に原因があるのだと思います。親として子に対する接し方が分からず、自ら育てる自信がないか、避ける傾向の社長に限って、他社への修業を過大に評価したり、教育を自分以外の誰かに委ねたりするきらいがあります。

むしろ、大半の後継者は、社長の子であることによるプレッシャーや緊張を感じている例の方が多く、甘える余地などは無いと嘆いています。

もしも後継者が自己を省みず周囲の好意に期待するような甘えた行動をしているなら、そもそも後継者候補として選択を誤ったのであって、どこで修行するかの問題ではないことになります。

他社で修業させるときは、初めから期限を決めておくことが望ましいと思います。その上で、自社に後継者として戻すタイミングを、まず現社長の判断、そして後継者の勤務状況や受け入れる会社の事情を考慮して、後継者と協議のうえで決めることです。

私は、他社の勤務が長くなることが、必ずしも好ましいこととは考えません。少なくとも、後継者自身に、その時期を任せるというやり方は適切ではないと思います。

どの会社にも独自の歴史と文化があり、同業であっても方針や理念の違いから仕事の仕方や手順まで異なるものです。通常は、修行先は自社よりも同等以上の規模の会社になりますので、場合によっては、業務システム、報告連絡や会議の仕組みなどが自社よりも先進的であることも多くあります。

他社での経験や身に付いたノウハウが、自社に戻ってからの気付きとなって改善等に役立つこともあれば、既存の役員社員にとって自社のやり方などの否定批判に映ることで不調和の基となることもあります。後者の場合には、その他社における経験年数が長いほど、かえって後継者が苦労することになることがあります。

会社というものを知るという意味でならば、修行先の会社は同業である必要もありませんし、仕事を覚えるためであれば、独自の文化を含めて自社で覚えるべきです。

自社で学び覚えるという過程で創られる社内の人間関係は、その後の後継者の貴重な財産となると思います。

実話コラム

社長が後継者を一人前にしようと思ったときに、作業や事務などの業務レベルのことを覚えて少しでも早く習熟することに目が向きがちになります。業績責任や営業成績を背負う仕事では、後継者が決して他の社員に引けをとらない数字を上げることに注目します。もちろん、間違いではありませんが偏りすぎです。

後継者には他の役員や幹部社員にも求めないもっと大切なことがあることを理解していないか、忘れている社長がとても多いような気がします。

創業社長は後継者が他の社員になめられないように、または、先輩社員に申し訳が立つようにと考え、二代目以降の社長は実務経験や実力で不足した昔の自分と同じ苦労を負わせないようにと考えているようです。

特にこれからの経営者に大切なことは、志を育てること、夢や目標を膨らませること、ビジョンを描くこと、野心を尖らせることです。

それが社長を闘いの場に立たせる唯一の武器です。できるだけ、現実的に具体的に落とし込んで戦略にまで磨くことです。

とにかく人一倍働け、死ぬ気で働けと尻を叩き己も社員も鼓舞してきた一本気の社長には、うちは大会社じゃないんだ……「そんな悠長なことをしている暇があったら稼げ」「うちにそんな余裕はない」と怒鳴られそうです。

でもそんなタイプのある社長は、事業承継に向けて一段会社をレベルアップするための経営に挑戦することにしました。将来に向けて会社をどうするべきか、後継者と数人の幹部社員に自分で考え自分で行動するように指導することを私に依頼しました。

とても忙しい社員たちが、不慣れな勉強や話し合い、脳みそに汗かいて考えることに進んで時間を割いたこと、それを認めた社長に対して私は心から敬意を表します。次の世代に確かなチームワークの手応えが生まれました。

現業で稼いでいた者が管理者になって人の上に立つと、現場の生産力が抜けることになって回らなくなります。それを解決するのは、事業と組織を成長させることです。その会社はそうこうしている間にも業績を向上させました。

後継者が社長になるまでの大切な時間で徹底的に考えさせることが大事な仕事の一つです。社長は、そこも合わせてみないと後継者の変化や進化がわからなくなります。未熟でいいから意欲を育てなければダメです。否定ばかりしていると、親を嫌うようになります。

嫌な話ですが「親が死んだら俺の思うようにやってやる」と言った若者がいます。

とにかく自分が決めた後継者を信じて任せる覚悟の無い社長では、事業承継の肝心の一歩が踏み出せません。

一方では、大概の後継者には親に反発しながらも親に認められたいという心理があります。そうでなければ会社にはいないでしょう。そして、いつの間にか社長と同じ世界のウチノリの発想になっていて、反発しているくせに結構現実的で小さくまとまった目標くらいしか育っていない後継者も多いと思います。

四六時中考え抜いた夢や目標が後に現実に揉まれ、時を経て次第に後継者にも確固たる経営哲学や理念が育ちます。哲学とは答えを求めることではなく「どうしてだろう」「なぜだろう」と問いを求め続けることです。

よき経営者は寝ても覚めても「どうしたらもっと会社が良くなるか、事業が成長するか」を考え続けています。

親の時代には、経営理念などは後付けのキレイごとか、単なる言葉に過ぎなかったとしても、これからの経営ではますます重要になってきます。言葉ではなく、そこにある想いが共感されている組織の一体性の強さが会社の力になります。だから、社長の内面から湧き出るホントの気持ちや考え方が会社の理念と重なっていなければ、社員はしらけます。

後継者は、まず自分がなぜ会社を継ぐことにしたのか、自分が引き継ぐ事業の価値や会社の存在価値を社長になるまでの間で考え尽くすことが必要です。

第六章　後継者を社長にする

いよいよ、あなたは後継者を社長にします。

ということは、あなたは後継者に経営の実権の全てを渡し、見守り支える仕事に回るということです。

経営の方針や目標に関すること、お金を借りたり使ったりすること、人を採用したり解雇したり育てたりすることの一切の最高権限を、後継者に向けて手放します。

ただし、これで経営の承継が終わったわけではありません。

多分、多くの中小企業では、後継者を社長に就けた時から経営の承継が本格的に始まります。後継者は、社長に就いて初めて実感する社長業の現実があって、決断の怖さを知り、のしかかるような不安を感じ、孤独を知るでしょう。そこから修行的な経験が始まります。

あなたは、元社長か会長か、あるいは、何の権限もない先輩社長か父親になり、新社長の一番の味方として経営を支え、後継者の一番信じている人として経営を教えることになるでしょう。

私の知る限り、二代目以降の社長は異口同音に「社長になる前にどれだけ努力をして、多くを学んだつもりでも、社長になってから分かったことの方がはるかに多かった」と言います。

それは、社長になるまでの期間の長短や、社長に就任した年齢に拘らず同じなのです。

ですから、経営の承継の仕上げ段階では、まず後進のために道を譲り、席を空ける社長交代から始まるのです。

後継者が新人社長になると同時に、社長は新人会長となることも良くあることです。その場合はどちらも新人です。新人同士で緊密なコミュニケーションを保ち、助け合って、より**良い距離感を見つける**ことが、あなたの会社の承継の成功の基となります。

より良い距離感という表現は抽象的ですが、それぞれの会社の組織規模、組織風土や二人の元々の関係性によって個々の適切な距離感があるからです。はじめに先輩である先代社長・新人会長が離れながら、後継者の様子を見ながら良い距離感をさぐります。新社長は身震いするほどの不安、恐れや孤独を感じなければなりませんので、近すぎては台無しですし、遠すぎて目が届かなければ危ういですから、あなたの視線や懸念を悟られない距離を見つけてください。

距離を置くほどにあなたの中の心配や不安に際限がなくなり、ついには後継社長に対する不信感にさえ化けることがあります。そうなると否定や批判、あるいは、社長交代の後悔にまで向かってしまうこともあります。

どうぞ、あなた自身の内面の好ましくない変化も自認しながら、自己をコントロールしてください。

とはいえ、あなたから見れば未熟な新人社長に経営を委ねることはリスクの大きいことであることは間違いないと思います。

その意味では、**社長交代は、経営者として最後で最大のリスクを伴う投資**だと考えてください。

この投資は絶対にしなければならないものであり、様子見をしながら時機を先送りすればリスクが減るというものではないのです。それどころか、社長の年齢と共にリスクは高まるでしょう。

後継者を決定し、社長になるべく育ってきたら、あとは社長に就けるだけです。

「いつ」「どのようにして」の二つを決定して、まず後継者に、次いで近い社内の役員幹部や同族関係者に、そして、必要に応じて外部に公表して理解を求めます。

「いつ」については、後継者を決定した時に特定の時期または見通しは公言されていますので、様々な事情で多少の前後はあったにしても、具体的な年月を確定させます。

特別急ぐ事情が無ければ、定時株主総会の日で良いでしょう。現社長の任期終了、あるいは六五、七〇、七五歳といった自分の年齢の切りの良さや会社の周年の節目など、何か踏ん切りがつく時期を求める方が多いのですが、いずれにもこだわる必要もないと思います。後継者の状況を見極め、機の熟した時を逸しないことです。

「どのようにして」には、幾通りもの選択肢があります。

社長を後継者に継ぐということは、きれいさっぱり会社経営から縁を切ることであると思い込んでいるために、様々な不安や懸念を拭い去れず、〝経営承継をスタート〟できずに躊躇している方がいます。

私は、非上場の同族中小企業だからこそ、経営に係る地位や立場の承継には様々な形があっていいので、まず後継者を社長にして、**〝経営承継をスタート〟させる**ことが肝要であると考えています。

大事なことは、社長の地位や立場の移行に伴って実質権限のすべてが、どの

ようにして後継者に引き継がれるかであり、それが、取りも直さず経営承継の成否を左右します。

社長の地位や立場の引き継ぎの多様な形とは、すなわち、現社長が取締役を退任するまでの多様な形や道筋の選択です。

一　代表取締役として残る

代表取締役として残る場合の合理性としては、対外的な取引信用上の激変緩和措置であったり、内部的には役員社員、特に先代社長世代の古参幹部の人心安定であったり、後継者との間では債務保証の問題であったり、様々な事情があるでしょう。

もしもあなたが、社長の地位を降りて代表取締役会長などとして残る方法を選択するとしても、会社を代表する者が二名以上いる状態が長く続くということは、法的に問題が無くても、中小企業の経営の承継では決して望ましいこととは言えませんので、経過措置として考えるべきだと思います。

できれば先代社長が代表権を持つ期間を後継者や周囲の者に宣言しておくことが望ましいと思います。

代表取締役の一人として残るケースの中には、先代社長が代表者としての自らの権限や地位を維持したいと望んで、登録代表印鑑は相変わらず自分の名義として手放さない場合もありますが、こんな形式だけの経営承継には何の意味もありません。

事業運営や経営判断などで先代社長と後継社長の間で争いや衝突が生じることもあって、経営が停滞したり、社内の気風にも悪い影響を与えたりすることもあります。結果的に、社長たる実質権限が引き継がれる見通しもなく、経営の承継が失敗することもあります。

あなたが支配株主である限りは、常に取締役会よりも上位の大きな決定権を持っていますので、代表権にこだわる必要はあまりないといえますが、経営の実権を譲り、株式（支配権）も手放した場合には、完全に経営に対する法的権限や権力を放棄し、会社から離れることになります。

あなたに残るのは、創業者とか先代社長という名誉や尊敬と、個人的には親族や親子の絆だけになります。言い換えれば、支配株主となった後継者は、取締役であるあなたを解任することさえも合法的に行えるのです。

もしもその状況で、後継者にあなたの意見を聞く耳が無くなり、意に反する経営判断や行動をとったとしても、後継者を諫めることはできますが、その判断や行動を抑制したり排除したりすることはできません。

社長交代までの時間や後継者の変化と成長、後継者と自分の信頼関係などを自分の胸に手を当てて振り返り、経営承継の道筋を曲げないように、社長交代、代表辞任、支配株式の承継の方法やスケジュールを検討してください。

二　社長交代と同時に取締役を退任するか、監査役に就任する

取締役も辞めて相談役とか顧問という名称の名誉職に就くケースや、取締役

を退任して監査役になるケースがあります。

前者は、会社に対する一切の責任も義務もない慣例的な呼称または地位ですので、先代に対する敬意とか感謝の気持ちの表現として用いられることが多いと思います。

後者について、先代社長の引退後の居場所として相応の権威と権限があることから用いられることがあります。従って、監査役の法的な責任や業務を執行しているかと言えば、大半の場合には形式だけであると思います。

いずれも、先代が経営の実権を退く意思がはっきりしている場合に、何らかの会社との関係性を残すための手法です。

ただし、社長退任後の便宜的立場として監査役を利用する前に、その会社で監査役は必要なのか、実態に即して一度検討する必要があると思います。

多くの中小企業で、監査役が最も曖昧な役員であり、法が求める監査役の責任に対して、実際には有名無実で無為な監査役が多いと思います。

監査役が社長の配偶者であったりすることも多く、実態は単なる経理担当者であることもあります。

監査役の本来の責務は、取締役の職務執行や決算書類等の適法適正性などを監督監査するという相当の重い責任と高い専門性を要する仕事です。取締役と違って任期四年の短縮は許されず、解任には三分の二の特別決議が必要で取締役より解任が制度上難しくなっています。

もちろん、中小企業でも監査役の業務範囲を会計監査に限定することなく、取締役会に出席し、取締役の業務執行の法令等遵守や忠実義務などを監督する、本来の監査役が機能しているケースも稀にあります。

そうであるならば、後継者をはじめとする新たな経営陣に対する権威あるお目付け役的な立場として有効かもしれません。

三　取締役会長という選択

先代社長が社長を退いた後に、会長の地位に就くケースが圧倒的に多いのですが、中小企業において会長はとても分かりにくい役職で、その分かりにくさのために経営の承継がかえって停滞するという事例がみられます。

会長の役割は、各社の組織規模や業務内容等の事情によって異なり、また、退いた後に就任した後継社長との関係性や、その社長の業務経験等によっても異なりますが、多くの事例では、第一線を退いた後の特定の業務執行責任や分掌をもたない、非常勤役員が会長になります。

経営の承継に成功すれば、現実に経営に関与する機会が少なくなり、会長は単なる名誉職となります。それまでの間は、取締役会に出席して取締役の職務執行を監督したり、主に後継社長の求めに応じて重要な経営判断について助言したり、あるいは、対外的な業務など特定の任務を担ったりすることになります。

ちなみに、一般に株式会社における会長は、業務執行を監督する合議体、すなわち取締役会の議長に与えられる役職名です。会長でありながら、代表権も持ったり、業務執行の最高責任者でもあったりすることもあります。通常、会長は社長よりも上席とされます。

中小企業の事業承継においては、後継社長に経営の全権を移譲することに意味があるので、あくまでも会長は後任社長の後ろ盾、指南役または相談役であって、後継社長を支援して自立を助ける役目を担うべきです。心配だからと、最後まで資金繰りや財務のことは会長が握っているという会社もありますが、言うまでもなく、それは経営の実権の重要な部分の承継が滞っているだけのことです。

つまり、会長の後継社長や会社経営との距離の取り方の巧拙が、社長交代後の承継の成否を大きく左右します。

とはいえ、先代社長は会長になっても、強い権威と影響力を持ち続けるのが一般的であり、古参社員を中心として社員たちは、会長と新社長のどちらに伺いを立てればいいのか、しばらくは戸惑います。当分の間は、会長に陰で情報を入れてきたり、意向を確認しに来たりする役員や社員は少なくないかもしれません。それが続いている限り、会長は自分の存在感を実感できるかもしれませんが、経営の承継が進んでいない証拠でもあります。

後継社長が自立し、求心力を持つにしたがって、会長が寂しくなるとすれば、それが経営承継の進捗が芳しい証です。

それでも、先代社長としての心配がなくなるのには相当の時間を要するはずです。

その間の振る舞いについて、私は「もしも役員や社員が会長の意向を尋ねに来たら、それに答えるのでもなく、拒絶するのでもなく、社長を参加させた意見交換や指導の場にすることです」とか、「会長の心配や懸念、意見や助言は後継者一人に直接伝えるようにしてください。会議の場とか、社内の衆人環視の場で話したり、否定したり、ましてや言い争ったりしてはいけません」と助言するようにしています。

実話コラム

後継者をいよいよ社長にするという段階で、多くの社長を悩ますのは、「いつ社長にすればいいのか」と「そのあと自分はどうすればいいのか」の二つです。「いつ社長にすればいいのか」については、社長の都合や状況、会社の都合や状況、そして後継者の都合や状況の三つの観点がありますが、もちろん、べき論でいえば三番目です。

しかし、現実には社長の都合や状況による承継時期（自分の引退時期からの逆算）が多くを占めます。現在、私たちがコンサルティングをお受けしている事例もすべてがそうです。

「そのあと自分はどうすればいいのか」はとても難しいです。

健康で志の高い社長にとっては、自分の夢の先を後継者に託しつつも、自分が道半ばで離脱するような感慨に浸ることでしょう。

社長交代後の地位や立場については、後継者を育てて社長に就かせ、経営の実権を引き継いで退くことが目的ですから、どんな変遷を経ていくかは手段にすぎません。

取締役を辞任して相談役に、非常勤の取締役会長に、あるいは、非常勤監査役に就くなど様々な方法がありますが、何でも構いません！

後継者の道をふさがなければそれでいいのです。

大切なのは距離感です。

あなたが功績のある先代社長であるほど、後継者が心配で任せきれない気持ちは重々理解できますが、地位や肩書に一切関係なく、あなたの存在感があり、影響力が絶大であることを肝に銘じて、そのことを十分に意識した発言や行動をしなければ承継後の組織の統率は乱れます。

もしも新社長との当事者間では、立場を超えた発言、指摘や意見などの理解や受け入れが行われたとしても、社内には世代交代の新風を遮る壁となり事業承継後の新社長と後継者世代のモチベーションや機運を削ぐことになります。

先代には、いつでも事業承継を失敗に終わらせることができる力があるのです。

万一、先代社長の立ち居振る舞いや言動で事業承継のプロセスが水泡に帰すことがあれば、会社の存続が危機に瀕するでしょう。承継のやり直しはきかないからです。

ある日、数年前に指導した会社の先代から電話があって「社長が辞めたがっているから、株式を買い戻す方法を教えてほしい」と言われました。私は無念でなりませんでした。

どうぞ、あなたの会社と事業を守るために、後継者の成功のためだけに専念し、それに見合った言動を知的に冷静に選択されることを願っています。

第七章　事業承継は会社が一番揺らぐとき

後継者が社長となったその日から、後継者の孤独で不安な修行的努力が始まります。

もちろん、大いなる目標や野心のある新社長にとっては、自分が主役となる新たな舞台の幕開けに気持ちが昂るかもしれません。そして、新社長の目に次々と映る問題点を矢継ぎ早に指摘し、揚々として改善改革を推し進めようとするかもしれません。

責任感と情熱にあふれ、優れた資質能力を持つ後継者の多くが、怖気づくまいとし、社長として自分を認めさせようとして、あるいは、功を急いで成果を求め、力んだり、頑張りすぎたりする傾向があります。

後継者が引き継いだ経営資源の中で、最も重要であり、最も効果的に活用しなければならないものは人的資源です。中でも、今日の経営基盤をつくり、支えてきたベテランや稼ぎ頭の実力者たちです。もちろん、その代表が先代社長です。

会社内の人間集団にメンバーとして信任されていたとしても、その者が社長の地位に就いただけでは、集団の新たなリーダーとして受け入れられたわけではありません。

まして、現状を否定し改革するということは、集団の暗黙の了解を逸脱することですから、特別の資質や実績などによって集団メンバーの信頼を獲得した者だけが認められるリーダーシップによってできることです。つまり、性急な改善や変革は、リーダーとして機能しないばかりか、集団のまとまりを壊すことにもつながりかねないのです。

ですから、見方を変えれば、事業承継は一番会社が揺らぐときなのです。

経営上で大きな問題を抱えていて改革を急がなければならない状況にある場

合を除けば、後継者は、社長になったら最低一〜三年は、会社の考え方、方針や理念、価値観を無理に変えようとしないことが原則です。

中小企業は組織である前に、人間集団として捉えなければ掌握することはできません。

人間集団は、一人の地位や力などで統制することはできません。

地位や権限、ルールや制度で動いているように見える公式組織の基礎に、目に見えない関係性によって織りなす人間集団の価値観や規範、文化があります。一般に、組織規模が小さいほど、この人間集団の規範の方が強い影響力を持っています。組織文化といわれるものです。

新社長が、まだ変革のリーダーとして人間集団に承認されていない時に無理をすれば、異端のリーダーとして祭り上げられるかもしれません。

改善や革新は過去の否定の上に成り立ちますので、後継社長の性急な変革は、その決断の合理性とは別次元において、先代社長の批判や否定と解釈されたり、同様に先代社長と共に一時代を築き上げた先輩役員社員の否定と受け止められたりすることもあるということです。

もちろん、数年を無為に過ごせという意味ではありません。

〝部下は三日で上司を知るが、上司は三年で部下を知る〟という言葉があるように、新社長は、まず馴染むことを心がけ、時間をかけて部下を掌握します。後継者は自分の色をだそうと急ぐことはないし、まして、自分の得意分野を振りかざすような言動をする必要はありません。自分の色は出すのではなく、社長でいれば必ず色は出るものです。

そもそも、社長にとって自分の色を出すことは目的ではなく、自分以外の役員社員たちの色を受け入れて活かすことにあるはずです。

役員社員からの信頼、取引先からの信頼、先代社長からの信頼を感じられるまで、満を持して焦らず力をつけることです。

その間は、全ての人たちの尊敬できるところや良いところを探し、全ての人たちから貪欲に学んで、彼らが社長に求めたり期待したりしている本音を知り、そして、自分が描く社長像に向かって自ら育てるという姿勢が求められます。

役員社員の中には、必ず後継社長にとっての真の協力者や理解者がいます。社長というもののプレッシャーを最も知る、あなたが一番の理解者となり、精神的な支えとなって、新社長が評価され、役員社員たちの快い協力や変革への賛同が得られて、成功をおさめられることだけを願って、支援に専念してあげてください。

※最後まで読んでいただいたあなたへ
……事業承継には一〇年かかる

事業承継の準備や計画的な承継の重要性の認識は、ここ数年で随分と高まったと感じていますが、一方、中小企業経営者の事業承継の現実的で具体的な取り組みがどれ程進んだのかを十数年を振り返り考えるとき、残念ながら目立った変化や進捗を感じることはできません。

政府も、このままでは事業承継に失敗（あるいは断念）することで、相当数の優れた中小企業が経営者の高齢化や死亡と共に姿を消すと強く危惧しています。我々の実感も同じです。特に準備もせず、成り行きに任せた状態で経営者が突然病に倒れたり、亡くなったりした場合でも事業承継が上手くいくほど、経営環境が甘くないことは誰もが知っていることです。

一方、政府が支援する施策は税制が中心であり、マスコミや大手コンサルティング会社等の活動や情報提供によって、事業承継の問題が「自社株式の税金対策」と「M&A」に矮小化されているように感じています。

株式の承継や税金対策も大切ですし、後継者不在の優れた事業についてはM&Aは避けてはいけない重要な課題です。しかし、本書を読んでいただいて、事業承継は極めて人間的側面の強い課題であり、とりわけ現社長個人の内心の課題であることがお分かりいただけたことと思います。

事業承継はそんなに単純で形式的に割り切れるようなものではないのです。長年にわたる艱難辛苦を乗り越え今日まで事業を発展させ会社を築き上げた社長の、「トップの地位を去る」という揺るぎない一大決心が、事業承継の現実的準備や取り組みのはじまりとなります。

終活という言葉も今は多くの人が知る言葉となりましたが、私は中小企業の社長には二度の終活が必要になると考えています。一度目は社長人生の終活です。それは自然に訪れる個人の人生の終わりの準備とは異なり、自ら定めた未来の特定の時期に向けて社長人生を閉じるために、自らの意思と行動による周到な準備と計画を必要とするものです。

本書を読まれて事業承継の重要性を深く受け止めていただけたとすれば、自分の人生に必ず訪れる終わりや、そこに至るまでの老いや衰えを認識して社長人生の終活を志していただきたいと願っています。

社長の内面の葛藤から揺るぎない退任の決心がつくまでに何年もの月日を要し、さらに後継者候補を決め育て、後継者を特定してその者の意思を確認し、当事者間で承継の時期や方法等について納得するまでの時間の長さを、予め計画することなどできません。

事業承継という重要な社長固有の大仕事を成し遂げるには、予測不能の時間の長さだけではなく、心身のエネルギーも必要です。ですから、できるだけ早く事業承継の具体的で現実的な準備や取り組みを始めてください。

繰り返しになりますが、事業承継は、社長と後継者のそれぞれの意思と覚悟、二人の間の意思疎通と合意、それぞれの家族や同族関係者の想いの整理や納得という人間的側面から始めてください。

そして、これと並行して経営的側面に取り組むことになります。

最初に大事で必要なことは、社長と後継者の経営の現状に対する認識のすり合わせです。そんなことを行わなくても〝認識は同じであるはず〟という前提を捨てて、同じ現実からお互いが受け止めている問題や課題、その重要性等の見方や考え方の一致と不一致を確認することです。

懸命に努力し、業務能力にも優れた後継者の場合には、その後継者が責任者として担っている業務の承継者をつくらなければなりません。これにも計画と時間が必要です。前提として事業と組織の成長が必要です。

また、中小企業でよくあることですが、総務経理の一切、さらには社内のとりまとめ役の全てを社長の配偶者が背負っているケースでは、その承継もまた大きくて難しい問題となります。

それらを踏まえて、経営と財務、人と組織の状態を客観的に把握し評価することです。それは、長く続く後継者の時代の事業のあり方や取引先、商品サービス等の将来性を考え、次世代の事業を支える人材と組織を考え、改善や新たに取り組むべき事柄を後継者と共に検討して取り組むべき経営課題を共有することです。

このプロセスの中で、後継者に重要な経営判断の機会や責任を与えたり、挑戦の場を与えたりして「育ち」の環境とすることです。

こうして人間的側面と経営的側面の事業承継課題に取り組む中で、見え始めた見通しや方向性に合わせて、株式などの事業関連財産を後継者に間違いなく承継させるための手段、方法、それに伴う問題や税負担などを考慮した対策や計画を立てていくのです。

ここで法律や税務の専門家が登場することになります。

このように社長の一大決心に始まり、計画の立案や対策の策定、そして、代表者交代等の実行と新社長体制の定着、先代社長による後継社長のバックアップやフォローまでを考えると、事業承継は社長交代の〝特定のある時期〟を指すものではなく、〝特定できない時間の長さ〟として考えるべきことが理解できると思います。

ですから私たちは、よく「事業承継には一〇年かかると考えて取り組んでください」と申し上げています。どうか、事業承継の人間的側面から税金までの一連の問題を一緒に考えてくれる相談者を持つことを大事にしてください。

私たちの地域にある中小企業社長の皆様は、一人で悩む前に会社と事業の未来について私たち「しんきん支援ネットワーク」にご相談いただきたいと心から願っています。

あとがき

私は、北海道内の信用金庫におよそ一一年勤務し、その後、会計事務所の短い経験を経て税理士・中小企業診断士として独立開業して三一年が過ぎました。ですから、私は社会に出てから今日までのすべての年月を中小企業に関わる仕事に携わってきたことになります。

十数年前に縁があって中小企業の事業承継支援に多くの時間を割くようになってから今日までに二〇〇〇社を超える事業承継相談を受け、幅広い事業承継コンサルティングを行ってきました。

長年の活動を通じて志を共にする仲間に恵まれ、徐々に信用金庫のネットワークが広がりをみせ、二〇一六年に一般社団法人として立ち上げることができました。

「一般社団法人しんきん事業承継支援ネットワーク」を核とする【しんきん支

援ネットワーク】は道内一三の信用金庫のネットワークに成長し、株式等の財産承継対策に偏ることなく、人間的側面や経営的側面にも丁寧に寄り添う支援を誇りとしています。

そんな事業承継支援をライフワークとする私も六七歳になり、今は事業承継に取り組む経営者の一人です。

事業承継に関する問題や課題は多様ですが、後継者に関する悩み、迷いや戸惑いは実に多くの社長たちが同じように抱いています。私はいつの頃からか、そんな社長の混沌とした悩みに助けとなる何らかの指南書を書かなければならないという使命感にかられるようになりました。そう思いながらも、原稿を書き上げるまでに仕事の合間の時間や休日を使って書き始めてから一年を超えたことになります。

その間に経験した事業承継相談でも多くの悩み、疑問や不安に向き合いながら、いくつものヒントやアイデアをいただいて原稿を何度も繰り返し加筆修正しました。

原稿を何度も読み直すうちに、困難な時代に立ち向かう後継者たちへの私の愛情やメッセージがあふれていることに気づきました。

この本を通して出会った社長の皆様には、事業承継で失うものより得るものの方がはるかに多いことを信じて、事業承継を通して後継者たちが育つ楽しみを実感してほしいと思います。

私の長年の相棒である小川孝二（同法人専務理事）や日頃行動を共にしている一部の信用金庫の支援スタッフや帯広信用金庫の高橋常夫理事長にも意見や力をもらいました。心から感謝したいと思います。

まだまだ満足できる内容でないことは重々承知の上で、後継者の決定と育成に悩み苦しみながら目を逸らさず頑張る多くの社長に、感謝の意を込めてこの本を送り出します。

二〇一九年（令和元年）十二月吉日

吉川　孝

お問い合わせ、相談のお申し込み

一般社団法人しんきん事業承継支援ネットワーク

〔本　所〕

〒060-0042

札幌市中央区大通西11丁目4番地 大通藤井ビル7階

TEL：011-206-9161　FAX：011-206-9178

＊＊＊

〔道東支所〕

〒080-0012

帯広市西2条南7丁目17番地2 ハヤカワビル3階

TEL：0155-67-7931　FAX：0155-67-7933

＊＊＊

〔メール〕

t.yoshikawa@hkd-ssn.net

＊＊＊

〔Webサイト〕

http://hkd-ssn.net

■著者紹介

吉川　孝（よしかわ・たかし）

1952年北海道栗沢町生まれ。
1971年札幌南高校、1975年小樽商科大学卒業後、道内の信用金庫に11年勤務の後、会計事務所で2年弱の経験を経て1988年独立開業。2004年日成コンサルティング株式会社を設立して代表取締役となる。2013年LLP北海道事業承継センター（一般社団法人しんきん事業承継支援ネットワークの前身）を設立。

著書「なるほど！ 正しい事業承継」「失敗しない事業承継の知恵」
税理士、中小企業診断士、M&Aスペシャリスト

後継者が育つ“よき経営者”の役割

2019年12月13日　初版第一刷

著　者　吉川　孝
発行者　林下　英二
発行所　中西出版株式会社
〒007-0823 札幌市東区東雁来3条1丁目1-34
TEL：011-785-0737　Fax：011-781-7516
http://nakanishi-shuppan.co.jp
印刷所　中西印刷株式会社
製本所　石田製本株式会社

落丁・乱丁本はお取り替えいたします。

ISBN978-4-89115-371-7